Liebe Leserin, lieber Leser

Im Grunde besteht unser Alltag aus einer unendlichen Folge von Entscheidungen, beruflich und privat. Unablässig müssen wir eine Wahl treffen, bestimmen, was wir tun.

Manche Schritte gehen wir mit Bedacht, andere eher nebenbei, beinahe unbewusst; einige beeinflussen die unmittelbare Gegenwart, wieder andere lenken unser Leben insgesamt in eine neue Richtung.

Doch was sind gute Entschlüsse, und was sind schlechte?

Was wissen wir über die Prinzipien des Entscheidens? Wie gehen wir mit Komplexität um, mit Unwissenheit oder Zeitdruck? Sollen wir eher auf den Kopf hören oder auf den Bauch, auf den Verstand oder das Gefühl? Und wie legen wir uns fest, ohne den verpassten Möglichkeiten nachzutrauern?

Die vorliegende Ausgabe soll Ihnen Kriterien für sinnvolle Entscheidungen bieten. Wir erklären, was „Maximierer" und was „Satisficer" sind, stellen Menschen vor, die bei einer Weggabelung des Lebens lange mit sich gerungen haben, und präsentieren andere, die uns verraten, welcher Ratschlag eines Nahestehenden Ihnen einst weitergeholfen hat.

Wir erklären, in welche Denkfallen wir bei einer Wahl zwischen Alternativen immer wieder tappen, und erläutern, welche Strategien helfen, den richtigen Entschluss zu treffen. Wir stellen Ihnen „Heuristiken" vor – das sind Faustregeln, mit denen sich einfache Lösungen für komplexe Probleme finden lassen.

Und wir lassen gleich zu Anfang den Berliner Schriftsteller Harald Martenstein zu Wort kommen, der über einige Wendepunkte seines Lebens nachdenkt und zu dem Fazit kommt (das auch Experten unterstützen): „Gut ist gut genug."

Herzlich Ihr

Michael Schaper

Was sind gute **Entschlüsse**? Und was sind schlechte?

Gemeinsam mit dem Bestseller-Autor Peter Wohlleben (»Das geheime Leben der Bäume«) hat GEO ein neues Naturmagazin gegründet. Die erste Ausgabe liegt ab sofort am Zeitschriften-Kiosk. Ich empfehle sie Ihnen.

PRO
CONTRA

inhalt

Richtig entscheiden

GEO ***WISSEN***

No. 64

Coaching Die Psychologin Heidi Möller erforscht, wann unabhängiger Rat helfen kann. 144

Weshalb Entscheidungen oft so schwerfallen

Scheitern Was sich aus Misserfolgen (hier ein frühes Kunstherz) lernen lässt. 120

Wie uns eine gute Wahl gelingt

Essverhalten Die Geheimnisse der Speisenwahl. 134

Faustformeln Der Psychologe Ralph Hertwig erklärt, wie wir besser entscheiden können. 72

Impressum, Bildnachweis 49; Titelbild: Folio images/plainpicture. Alle Fakten und Daten sind vom GEO WISSEN-Verifikationsteam auf ihre Präzision, Relevanz und Richtigkeit überprüft worden. Kürzungen in Zitaten werden nicht kenntlich gemacht. Redaktionsschluss: 12. April 2019. Themen früherer Hefte und Kontakt zur Redaktion unter **www.geo-wissen.de**

Protokolle:

Katharina **von Ruschkowski**

die **entscheidung** meines lebens

Gehen oder bleiben? Allein oder gemeinsam? Festhalten oder loslassen? Der Alltag stellt jeden von uns vor Entscheidungen, manchmal vor besonders schwierige. Acht Frauen und Männer erzählen, wie sie eines Tages nicht mehr weiterwussten – und dann doch den für sie richtigen Weg fanden

Daniela Luhn, 28, war im fünften Monat mit Zwillingen schwanger, als sie erfuhr, dass eines ihrer Kinder eine schwere Beeinträchtigung haben würde (mehr auf Seite 22)

Spitzeln oder Knast

Als junger Mann zeichnete Olaf Schwarzbach, 53, in der DDR kritische Comic-Strips. Im Sommer 1989 fasste er einen risikoreichen Entschluss

Am Ende siegte die eine Angst über die andere – und ich bin aus der DDR abgehauen. In all den Jahren zuvor war das nicht wirklich eine Option für mich. Ich hatte als renitenter Jugendlicher einige Probleme in der DDR. Die Stasi hatte mich im Visier. Schlimmer aber war meine tiefe Abscheu vor der Armee; es gab genug Geschichten von Menschen, die man dort gebrochen hatte. Aber deshalb in den Westen fliehen?

Ich bezweifelte, dass dort alles besser ist. Wenn du hier Probleme hast, hast du die im Westen auch, sagte ich mir. Außerdem war ich während meiner Lehrzeit als Drucker jeden Tag mit der Bahn von Potsdam, wo ich wohnte, nach Berlin gefahren – immer an der Mauer entlang. Ich wusste, so einfach kommst du da nicht rüber, das ist lebensgefährlich. Weil ich keine Alternative sah, arrangierte ich mich irgendwie mit dem Leben in der DDR, ertrug die Schikanen.

Das änderte sich 1989. Anfang des Jahres hatte ich in der Zeitung gelesen, dass der Staat Wehrdienstverweigerer wie mich bald in Lager stecken wolle. Im Frühjahr schlug das chinesische Militär die Studentenproteste auf dem Platz des himmlischen Friedens nieder – und das DDR-Regime applaudierte dazu. Ich fand das gruselig. Und dann kam diese Sache mit der Ausstellung.

Ich hatte begonnen, die Absurditäten des DDR-Alltags in kleinen Comic-Strips zu verarbeiten. Freunde kopierten und verteilten sie. Im Mai gab es eine kleine Ausstellung in Berlin. Nach der Ausstellung tauchten plötzlich Stasi-Leute bei mir auf und beschlagnahmten meine Bilder. Unerlaubte Vervielfältigung und Herabwürdigung der Staatsmacht lautete der Vorwurf. Dafür drohte Gefängnisstrafe.

Mir wurde klar: Du musst weg. Denn jetzt bist du erpressbar. Spitzeln oder Knast. Die Angst davor war schlimmer, als auf der Flucht möglicherweise erwischt zu werden.

Nur wenige Wochen nach dieser Entscheidung brach ich auf, fuhr mit der Bahn nach Ungarn. In Budapest traf ich einen Freund, der mich in die Nähe der österreichischen Grenze fuhr. Von dort aus bin ich über Felder, durch einen Wald gelaufen.

Plötzlich fuhr ein ungarisches Militärfahrzeug vorbei, ich warf mich ins Gebüsch. Die Grenzer jagten Leuten hinterher, die ebenfalls abhauen wollten. Ich robbte weiter, bis ich an einen Kanal kam, von dem ich wusste, dass dahinter Österreich sein musste. In dem Moment packte mich erstmals Angst: was, wenn ich auf den letzten Metern geschnappt werde? Ich gab mir einen Ruck, zog mich aus und schwamm.

Bis ans andere Ufer.

Der letzte Weg

Die Mutter von Christiane zur Nieden, 66, wollte nicht mehr weiterleben. Die Tochter entschied sich, diesen für sie schmerzlichen Wunsch zu respektieren

Meine 88-jährige Mutter lag an diesem Sonntag vor Rosenmontag auf dem Sofa in ihrer Wohnung, wirkte noch kleiner, noch matter, als sie es ohnehin schon war, und bat um ihren Tod. Mein Mann, ein Arzt, solle ihr eine Spritze geben. Das geht nicht, sagte ich. Dann fragte sie mich: Wie würdest du es denn machen? Und ich sagte ihr, dass ich nichts mehr essen und trinken würde – es ist eine natürliche Handlungsweise von Menschen, denen der Tod bevorsteht.

Einen Tag später hörte meine Mutter auf zu essen und zu trinken – und bat mich, sie auf ihrem letzten Weg zu begleiten. Mich hat diese Situation anfangs völlig verunsichert, obwohl ich seit fast 30 Jahren als Trauer- und Sterbebegleiterin arbeite. Aber bei der eigenen Mutter ist es etwas anderes. Rechtlich brachte es mich nicht in eine Grauzone: Die Selbstbestimmung ist im Grundgesetz geschützt, und meine Mutter hatte ihren freien Willen niedergeschrieben.

Aber wie würde ich es schaffen, sie gehen zu lassen?

Ich bat sie um ein Gespräch, sie war ja noch ganz klar. Und darin erklärte sie erneut, dass sie nicht mehr leben wolle. Sie habe ja immerzu Schmerzen, wegen ihrer Hüften, konnte kaum noch gehen. Alles, was ihr wichtig war, mobil sein, Anteil nehmen am Leben, ging nur noch, wenn man ihr half. Sie fragte mich: „Was soll noch kommen?" Ins Heim oder zu uns ziehen wollte sie nicht.

Stattdessen entschied sie sich für die Selbstbestimmung bis zuletzt. Ich konnte ihre Perspektive nachvollziehen. Und entschied: Ich begleite sie. Sie war so fest entschlossen. Und welches Recht habe ich, einem lebenssatten Menschen zu sagen: Du musst aber!

In den folgenden Tagen machte sie sogar Witze – nach wenigen Tagen des Fastens schüttet der Körper Hormone aus, die den Hunger, den Durst, die Situation, ja den gesamten Sterbeprozess erträglicher machen. Wir befeuchteten ihre Lippen. Der Durst muss trotzdem schlimm gewesen sein, aber noch schlimmer war für sie wohl die Vorstellung, weiterleben zu müssen. Das ließ sie durchhalten.

Einmal tranken mein Mann und ich Kaffee in der Küche. „Wie das duftet", rief meine Mutter. Wir antworteten: „Du kannst davon haben, du kannst jederzeit zurück ins Leben." Wie immer antwortete sie: Nein.

Nach sieben Tagen, in denen sie ihren Entschluss wohl noch hätte rückgängig machen können, wurde sie schläfriger. Nach 13 Tagen ist sie gestorben, wunderbar friedlich. Für mich zählt diese Zeit zum Wertvollsten, was wir gemeinsam hatten.

Ungeahnte Folgen

Sein Bruder war schwerkrank, und so entschied sich Mario Ullrich, 56, ihm eine Niere zu spenden. Doch die Konsequenzen waren weitaus gravierender als gedacht

Niemand hat je Druck auf mich ausgeübt, diese Entscheidung zu treffen. Aber ich hatte ja schon einige Jahre lang erlebt, wie schlecht es meinem Bruder ging. Er fühlte sich schlapp, zitterte – weil sich sein Körper aufgrund einer Nierenerkrankung selbst vergiftete. Dreimal pro Woche musste er zur Dialyse fahren, später täglich sein Blut reinigen lassen. Und es war klar, dass er bald ein neues Organ brauchen würde – entweder von einem Verstorbenen oder von einem lebenden Spender aus dem nächsten Umfeld.

Im Jahr 2006 saßen wir auf einer Familienfeier nebeneinander. Er tat mir leid, und ich hatte das Gefühl, etwas tun zu müssen. Da legte ich ihm – ganz großer Bruder – den Arm um die Schulter und sagte: „Wenn alle Stricke reißen, spende ich dir eine Niere."

Ich hatte nur eine vage Vorstellung davon, was mich da erwartete, ich wollte einfach helfen. Und ich hatte oft gelesen, dass man eigentlich nur eine Niere braucht. Dann kann man die zweite ja verschenken. Zugleich hatte ich auch Angst, stellte mir vor, aufgeschnitten zu werden. Manchmal hoffte ich, mein Bruder würde die Niere eines Toten bekommen.

Doch dazu kam es nicht, es ging ihm immer schlechter. Und ich war bereit, mein Versprechen einzulösen. Bei den Voruntersuchungen haben mir die Ärzte dann alle Befürchtungen genommen. Sie sagten: Ich sei topfit, meine Nieren seien im besten Zustand, nach spätestens sechs Wochen wäre ich wieder der Alte.

Am 21. September 2011 wurde mir meine rechte Niere entnommen und meinem Bruder übertragen. Der Tag wurde zum Wendepunkt in unser beider Leben.

Denn mein Bruder ist seither wie ausgewechselt: Er wirkt verjüngt, treibt Sport, hat wieder ein Leben. Ich dagegen habe keines mehr. Mich haben die Komplikationen, die bei einer Nierenspende auftreten können, mit voller Wucht erwischt. Seit der Operation leide ich unter bleierner Müdigkeit, Konzentrationsschwierigkeiten – und meine Nierenwerte sind heute schlechter als die meines Bruders.

Weshalb? Kein Mediziner kann es mir erklären.

Hätten wir das Ausmaß der Entscheidung vorher ermessen können – mein Bruder und ich hätten uns sicher nicht zur Transplantation entschlossen.

Trotz allem ist es für mich heute ein schönes Gefühl, Frank ein neues Leben ermöglicht zu haben.

Bauch statt Kopf

Angie Sebrich, 53, arbeitete bei einem TV-Sender, bis sie ihren Wunsch nach Neuanfang nicht mehr ignorieren wollte: Sie wurde Herbergsmutter

Sicher hatte es die Zweifel schon vorher gegeben – aber man beachtet sie nicht, wenn man immerzu rotiert und erfolgreich ist. Ich arbeitete als Kommunikationschefin für einen TV-Sender, war dauernd unterwegs. Wenn ich nach Hause kam, dann selten vor zehn Uhr. Meine Einkäufe erledigte ich an der Tankstelle.

Diese Stimmen, die fragten, ob ich das wirklich so will, wurden erst lauter, als ich meinen Mann kennenlernte. Er hatte ein Leben neben seinem Job als Messebauer, ein richtiges Zuhause, Zeit für Freunde. Immer häufiger beneidete ich ihn.

Dann kam dieser Urlaub. Im Hotel lernten wir ein Paar kennen, sprachen über Pläne und Träume. Die zwei arbeiteten in einer Jugendherberge und erzählten, dass anderthalb Stunden von München entfernt für ein Haus eine neue Leitung gesucht werde. „Wäre das nicht etwas für euch?", fragten sie.

Zunächst lachten wir darüber. Als wir dann in den Alltag zurückkehrten, in dieses Leben der getrennten Welten, haben wir gesagt: Lass uns die Herberge doch einfach mal anschauen. Wir fuhren an einem Wochenende die steile Straße zum Berg hinauf. Und dann lag da dieses Haus. Vor der Tür eine schwarze Katze. Dieser Anblick hat etwas in mir geöffnet. Die Herberge ging mir nicht mehr aus dem Kopf. Ich begann schon zu überlegen: Mein Mann würde alles Technische und die Küche übernehmen, ich mich um Gäste und Organisation kümmern.

Auf der Pro-und-Contra-Liste sprach allerdings mehr gegen den neuen Weg als dafür. Ich würde auf viel Gehalt verzichten, auf Prestige, Sicherheit. Aber mir wurde klar: Ich gebe nur Dinge auf, keine Herzensangelegenheiten. Diese Erkenntnis machte mich frei und die Entscheidung letztlich leicht. Die Aussicht, ein selbstbestimmteres, gemeinsames Leben führen zu können, überstrahlte alles. Der Bauch siegte über den Kopf. Eindeutig.

Drei Monate später übernahmen wir die Jugendherberge. Der Beginn war hart. Allein der erste Tag: Auf der verschneiten Anfahrt hatten wir einen Unfall, das Haus war nun, in der Hauptsaison, schon wieder voll belegt und der missmutige Interimsleiter drückte uns nur die Schlüssel in die Hand, kurz darauf fiel die Heizung aus. Ich war zudem auch noch schwanger mit Zwillingen, die dann viel zu früh auf die Welt kamen. Schlimmer hätte es kaum kommen können.

Dennoch habe ich die Entscheidung nie bereut. Es beglückt mich bis heute, selbstständig zu arbeiten – für das eigene, gemeinsame Projekt. Und das inmitten der Natur. Die Berge, die da seit Jahrmillionen stehen, die nichts umhauen kann, wirken beruhigend auf mich. Auf eine Weise erzählen sie mir jeden Tag: Vertrau dem Leben, es wird alles gut.

Für den Glauben

Stefan Bosch, 44, arbeitete als Teilchenphysiker, ehe er vor 13 Jahren beschloss, in ein Kloster der Benediktiner einzutreten – und Bruder Timotheus zu werden

Eine Freundin hat mich einmal gefragt, ob die Entscheidung für ein Leben als Mönch allein auf die Situation zurückzuführen ist, in der ich mich seinerzeit befand: Mein Vater war schwer krank, die Freundin hatte mich verlassen – und in der Physik sah ich keine Perspektive mehr. Ich habe oft über diese Frage nachgedacht. Aber ich bin mir sicher: Es war nicht in erster Linie eine Flucht damals, es war ein Aufbruch.

Ich wollte schon als Kind Priester werden, ich liebte den Kirchgang und die Heiligengeschichten. Irgendwie beneidete ich deren Figuren darum, so viel Trost und Schutz bei Gott zu finden.

In der zehnten Klasse begann ich allerdings, mich für Naturwissenschaften zu interessieren. Ich promovierte in Teilchenphysik, forschte in den USA. Mein Leben ging einen Weg; aber irgendwann sah ich nicht mehr, wohin der führte. Die Krankheit meines Vaters und die Trennung von meiner Freundin waren letztlich der Auslöser, die Zweifel nicht mehr wegzuschieben, sondern über Alternativen nachzudenken.

Ich ging auch in den USA regelmäßig in den Gottesdienst. Glaube und Wissenschaft – das stand für mich nie im Widerspruch, weil unser Wissen allein am Ende doch nicht reicht, das Universum zu erklären. Nach den Messen kam ich mit dem Hochschulpfarrer ins Gespräch. Er riet mir, Exerzitien zu machen. Dabei geht es darum, durch Gebet und Meditation tief in sich hinein zu versinken – um sich selbst und Gott zu begegnen. 30 Wochen lang nahm ich mir jede Woche einige Stunden Zeit für Gebet, Einkehr, Gespräche mit Geistlichen.

Ich spürte, wie mein Wunsch nach einem geistlichen Leben zurückkehrte, ich sehnte mich nach Sinn und Gemeinschaft. Aber ich rang auch mit meinen Gefühlen, prüfte, ob ich mich dem starren Klosteralltag fügen, auf eine eigene Familie, auf meinen Namen verzichten könnte. Doch keines der Argumente wog für mich so schwer, dass ich es nicht wenigstens ausprobieren wollte.

Familie und Freunde reagierten zunächst reserviert, als ich ihnen – zurück in Deutschland – meinen Entschluss mitteilte, Novize zu werden in der Erzabtei Sankt Ottilien. Doch nach einer Weile schwanden bei vielen die Vorbehalte. Die landläufige Meinung ist ja, dass Menschen hinter Klostermauern unfrei sind. Ich erlebe es anders: Ich könnte an wenigen Orten meine Talente so wunderbar entfalten und ausleben wie hier.

Heute unterrichte ich als Lehrer Religion und Physik, singe mit bei Chorälen, spiele Tuba im Orchester, biete Fahrradtouren für unsere Klostergäste an und erledige als Prior mittlerweile leitende Aufgaben im Kloster. Mich macht es glücklich, hier als Mensch in Gänze geschätzt und gebraucht zu werden und in der Gemeinschaft bei Gott geborgen zu sein.

Natürlich, ich habe Selbstbestimmung aufgegeben – aber zu mir selbst gefunden.

Nicht mehr Opfer sein

Als Kind erlebte Melanie Blohm*, 44, Heilpraktikerin, viel Leid. Dass trotzdem der Schein einer heilen Familie gewahrt werden sollte, ertrug sie irgendwann nicht mehr

Meine Mutter hat viel Alkohol getrunken, als ich Kind war, sie ging anschaffen, brachte ihre Freier auch mit nach Hause. Der Mann, den sie später heiratete, verging sich mehrfach an mir. Ich habe trotzdem immer funktioniert, bin regelmäßig zur Schule gegangen, habe ein gutes Abitur gemacht und angefangen, als Industriekauffrau zu arbeiten. Was blieb mir anderes übrig? Meine Mutter hatte mir gedroht, wenn irgendetwas nach außen dringe, tue sie sich etwas an.

All das konnte ich ihr später, mit Mitte 20, als ich selbst ein Kind und ein Leben hatte, irgendwie verzeihen. Nicht dass alles Geschehene damit vergessen gewesen wäre – aber ich konnte darauf zurückschauen und sagen: Abgehakt, ich habe es überlebt.

Unverzeihlich fand ich etwas anderes: Nach alldem verlangte sie von mir ein normales Mutter-Tochter-Verhältnis. Ich sollte mich regelmäßig melden, ihr zum Geburtstag gratulieren, zum Muttertag, mich um sie kümmern, ihr Zeit mit dem Enkel einräumen. Dass ich das ablehnte, konnte sie nicht verstehen. Ich sollte weiter den schönen Schein wahren.

Am schlimmsten waren für mich Familienfeste. Da saß ich im Kreise der Familie, und die meisten wussten oder ahnten zumindest um meine, um unsere Geschichte. Aber wenn das Kind noch mitfeiert, dann kann alles doch nicht so schlimm gewesen sein, dachten wohl viele. Manche sagten es sogar hinter vorgehaltener Hand.

Ich konnte und wollte nicht mehr, fühlte mich wie damals, als Kind: ungeschützt und hilflos. Ich habe dann den Kontakt zu meiner Mutter abgebrochen und nicht mehr auf ihre Anfragen reagiert. Weshalb sollte ich sie weiter schützen, wo sie mich nie beschützt hat? Einige aus der Familie fanden dies anfangs herzlos und unverständlich – bis ich ihnen alles erzählte. Manche können und wollen es noch immer nicht verstehen.

Ich wollte nicht mehr das Opfer sein; daher habe ich gehandelt. Diese Entscheidung hat große Kraft in mir geweckt. Wie jedes Mal, wenn ich im Leben zu mir gestanden und meine Gefühle nicht verdrängt, sondern ernst genommen habe.

** Name von der Redaktion geändert*

MUSTANG JEANS
19 32

Das Band zerschnitten

Als vor drei Jahren eine Krise die Milchwirtschaft erfasste, konnte Reinhold Geppert, 64, nicht mehr von seinen Kühen leben. Und stand vor der Frage: Was nun?

Als der Viehhändler im November 2018 die letzten unserer einst knapp 140 Tiere vom Hof holte und zum Schlachten brachte, hat es mich noch einmal innerlich zerrissen. Der Kopf sagte: Es muss so sein, es ist gut so. Doch der Bauch schmerzte. Manchmal tut er noch heute weh.

Unser Hof, noch vor 20 Jahren einer der größten im Ort, steht in Ostfriesland. Ich bin hier aufgewachsen. Nie wollte ich etwas anderes als Bauer werden. Ich mochte diesen Rhythmus des Lebens, den Tiere und Jahreszeiten vorgeben.

Im Jahr 1979 habe ich den Bauernhof von meinem Vater übernommen. Der stand noch bis ins hohe Alter im Stall und hat gemolken. So hatte ich mir das auch für mich vorgestellt: Alles für unsere Landwirtschaft geben – und sie dann der nächstenGeneration überlassen. Dafür arbeitet man doch, jeden Tag im Jahr.

Dann kam vor drei Jahren die große Milchpreiskrise. Gut 20 Cent bekamen wir für einen Liter Milch, wir aber brauchen rund 40 Cent, um die Kosten zu decken und Geld für Reparaturen und Investitionen übrig zu haben. Wir legten drauf, monatelang. Dass unsere Arbeit nichts wert ist, kränkte sehr.

Aber auch die politische Situation ließ mich verzweifeln. Längst haben sich alle daran gewöhnt, dass Lebensmittel billig sind. Niemand will das ernsthaft verändern. Bauern können nur darauf reagieren, indem die Betriebe immer größer werden und billiger produzieren. Bei uns auf dem Hof wären in den kommenden Jahren Investitionen von mehreren Hunderttausend Euro fällig gewesen. Nur so hätten meine Frau und ich unserem Sohn später einen halbwegs zukunftsfähigen Hof übergeben können. Aber auch einen Riesensack voll Schulden.

Die Entscheidung, ob er das will und kann, haben wir ihm erspart – indem wir nach vielen durchgrübelten Wochen sagten: Wir hören auf. Wir wollten einfach nicht, dass unser Sohn irgendwann verzweifelt.

Ich weiß, dass diese Entscheidung vernünftig ist. Und doch quälte sie mich noch lange. Meine Familie stammt aus Schlesien, wo sie über sechs Generationen einen Hof bewirtschaftet hat. 1946 wurde sie vertrieben – und bekam hier in Ostfriesland 1957 einen kleinen Hof, aus dem sie etwas Großes machte. Und nun war ich derjenige, der das Band durchschnitt und alles aufgab.

Erst als ich mir klarmachte, dass alles seine Zeit hat, wurde es besser. Meine Eltern lebten in Zeiten des Aufbruchs. Für mich war es nun an der Zeit, alles geordnet zu Ende zu bringen, ohne neue Schulden.

Ich bin nun seit einigen Monaten Rentner. Meine Frau, die jünger ist als ich, orientiert sich beruflich noch einmal neu. Wir könnten jetzt morgens eigentlich ausschlafen, aber früh um sechs werden wir noch immer wach.

Der alte Rhythmus bleibt im Körper.

Tod oder Leben?

Daniela Luhn, 28, war im fünften Monat mit Zwillingen schwanger, als sie erfuhr, dass ein Kind eine schwere Fehlbildung entwickelt hatte. Sollte es leben?

Niemals werde ich diesen Satz vergessen, mit dem alles begann. „Ich habe da ein Problem mit einem Zwilling", sagte der Arzt, während er mit dem Ultraschallkopf über meinen gewölbten Bauch fuhr; ich war in der 17. Woche schwanger. Er hatte bei einem der Kinder einen offenen Rücken festgestellt, Spina bifida, die Wirbelsäule war nicht richtig verschlossen.

Wenige Tage später saßen mein Mann und ich im Behandlungsraum eines Spezialisten, hörten, was durch diese Fehlentwicklung alles sein kann, aber nicht sein muss: Querschnittslähmung, Wasserkopf, geistige Einschränkungen. Vor allem aber nannte er uns die vier Möglichkeiten, zwischen denen wir zu entscheiden hätten.

Kompletter Abbruch war eine Option, die besondere Situation hätte das gerechtfertigt. Selektiver Abbruch war eine andere Möglichkeit; die Ärzte würden dem kranken Kind im Bauch die Nabelschnur abklemmen, was zu einer Totgeburt führen würde. Eine dritte Möglichkeit war, das Kind im Mutterleib zu operieren, die Wirbelsäule zu verschließen.

Die vierte: der Natur ihren Lauf zu lassen.

In den Wochen danach war ich erschlagen davon, eine Entscheidung treffen zu müssen – es aber nicht zu können. Denn jede Möglichkeit barg Risiken. Und irgendwie fühlten sich alle nach Verrat an: an beiden Kindern, am erkrankten Kind, an unserem älteren Sohn, den es auch noch gab.

Denn die Folge einer vorgeburtlichen Operation ist oft eine Frühgeburt. Unser Großer hätte dann monatelang ohne mich auskommen müssen, während ich in einer Klinik weit weg von zu Hause bei den Winzlingen wachte.

Ich ging von Kontroll- zu Kontrolltermin, wünschte Ergebnisse, die eine Entscheidung erleichtern würden. Vergebens. Ich hoffte, jemand würde für mich entscheiden. Irgendwie kam es ja dann auch so.

In der 32. Woche hatte ich wieder eine Untersuchung. Und während ich da lag, hörte ich plötzlich etwas tief in mir sagen: „Ich kann dieses Kind nicht wegmachen."

Ich versuchte, diese Stimme zu überhören. Ich kannte so etwas nicht und fand es merkwürdig, wenn Menschen davon erzählten. Aber dann wieder, lauter: „Ich kann das nicht." Da war mir klar: Ich werde die Schwangerschaft fortsetzen und die Jungen sich entwickeln lassen.

Die Zwillinge kamen in der 38. Woche per Kaiserschnitt auf die Welt, beide gut drei Kilogramm schwer. Noch am Tag der Geburt wurde unserem Kleinen in einer Operation die Wirbelsäule verschlossen, er verkraftete alles bestens. Heute, mit 16 Monaten, ist er der Sonnenschein unserer Familie, ausgeglichen, clever. Nur seine Beine werden ihm und uns dauerhaft Probleme bereiten.

Diese qualvolle Zeit der Entscheidung aber hat mich eines gelehrt: meinem Gefühl zu vertrauen.

Oft quälen uns noch Jahre nach einer Entscheidung Zweifel, ob wir richtig gehandelt haben. **Harald Martenstein** fragt sich: Wie soll man umgehen mit der Sorge, ein **anderes Leben** wäre womöglich schöner, erfolgreicher und glücklicher verlaufen?

Text:

Harald **Martenstein**

•

Fotos:

Benne **Ochs**

Nagende Ungewissheit

Manche Fehlentscheidung lasse sich später klar erkennen. Schwieriger sei es bei den vermeintlich richtigen Entscheidungen: Wenn etwas gut ist, könnte es ja noch besser sein

Im Frühjahr 1988 bin ich aus Stuttgart nach West-Berlin gezogen. Nicht einmal zwei Jahre später fiel die Mauer, und auch mit dem Kuriosum „West-Berlin“ war bald Schluss. Das ahnte natürlich noch niemand. Berlin kam mir sagenhaft billig vor. Ich fand eine günstige Mietwohnung in Kreuzberg, dann, Anfang 1989, stand in meiner neuen Gegend ein Haus zum Verkauf. Es war ein schöner Altbau, Jahrhundertwende, mit Vorder- und Hinterhaus, 15 oder 20 Wohnungen, die genaue Zahl habe ich vergessen. Dazu ein Laden im Erdgeschoss.

Die Gegend war auf malerische Weise heruntergekommen, ziemlich szenig, typisch Kreuzberg. Heute kriegst du dort kaum eine große Altbauwohnung unter 600000 Euro. Das gesamte Haus sollte 450000 kosten, natürlich Mark.

Ich war Mitte 30 und verdiente als Redakteur meiner Erinnerung nach etwa 5000 Mark, was damals nicht schlecht war, große Ersparnisse hatte ich nicht. 40000 konnte ich aufbringen, das wären meine sämtlichen Reserven gewesen.

Ein Freund wollte mitmachen. Er verstand von Finanzen mehr als ich. „Wir nehmen einen Kredit auf“, sagte er. Nun rechneten wir und rechneten. Alles schien aufzugehen, zumal es zwei leer stehende Wohnungen gab, in die wir einziehen und so unsere Mieten hätten sparen können.

Wege aus der Wehmut

Man kann einen Verzicht bedauern und ihn trotzdem richtig finden, schreibt Martenstein. Er selbst hadert zuweilen damit, nicht nach Südeuropa ausgewandert zu sein

gut ***ist*** *gut* ***genug***

Allerdings war das alles ziemlich eng, da durfte nichts Unvorhergesehenes passieren. Ich hatte einen neuen Job und keine Ahnung, ob es dort gut gehen würde. Der Freund besaß mehr Geld als ich. Er sagte: „Bleib cool; wenn es hart auf hart kommt, kann ich noch etwas zuschießen."

Ich bckam trotzdem Angst. Sogar Albträume, in denen ein Gerichtsvollzieher an die Tür klopfte und mein Vater mich ausschimpfte. Hätte ich das halbe Haus gekauft, wäre ich heute sehr wohlhabend. Ein paar Millionen wären mir sicher, vielleicht sogar nach der Steuer. Hätte ich nur!

Bei meinen zahlreichen finanziellen Fehlentscheidungen hat immer die Furcht vor Risiken eine Rolle gespielt. Ich gehe halt gern auf Nummer sicher. Hinterher ärgere ich mich über die Chancen, die ich mir habe entgehen lassen – im Grunde also über mich selbst.

Ein mutigerer Mensch hätte das Haus garantiert gekauft. Solche Leute haben allerdings auch ihr Bündel zu tragen. So manches Mal habe ich sie sagen hören: „Ich bin im Leben oft auf die Schnauze gefallen, weil ich nicht genug über die Folgen meiner Entscheidungen nachdenke." Das werde ich nie sagen müssen.

In Wirklichkeit habe ich keine Ahnung, wie es ausgegangen wäre, wenn ich anders entschieden und gekauft hätte. Das Haus hatte womöglich Baumängel, und die Mieter haben vielleicht unregelmäßig oder gar nicht gezahlt. Fertig wäre das Fiasko gewesen.

Und ein anderer Freund, der mutig nach Mallorca ausgewandert ist und dort mit seinem Kneipenprojekt Schiffbruch erlitten hat: Wer weiß, ob er nicht dennoch das Richtige getan hat. Womöglich wäre er noch unglücklicher gewesen, wenn er zu Hause jahrelang diesen unerfüllten Mallorcatraum geträumt hätte. Er hätte sich seine Feigheit nie verziehen. Jetzt hat er's zumindest versucht.

Trauert man am Lebensende um all die Gelegenheiten, die man nicht genutzt hat? Um die Risiken, die man nicht eingegangen, die Verlockungen, denen man nicht erlegen ist? Wahrscheinlich tun das viele – vermutlich sogar Menschen, die im Rückblick mit ihrem Leben recht zufrieden sind.

V

Vor vielen Jahren habe ich einen Filmstar interviewt, er war um die 80. Wir redeten über das Alter. Nach dem Interview plauderten wir noch ein wenig weiter. „Das sage ich Ihnen jetzt privat. Was mir am meisten leid tut, ist, dass ich so wenig Sex hatte. Ich habe viele Frauen abblitzen lassen, die mit mir geflirtet haben. Tolle Frauen. Schade."

Ich wusste, dass er einige Male verheiratet gewesen ist. Warum erzählte er mir das? Vielleicht wollte er's einfach mal jemandem gesagt haben.

„Und warum haben Sie es dann nicht einfach gemacht?"

„Ich bin ziemlich eifersüchtig. Und ich habe die Frauen geliebt, mit denen ich zusammen war. Wenn ich mit Seitensprüngen angefangen hätte, dann hätte ich es bei meiner Partnerin doch wohl auch akzeptieren müssen."

„Dann war Ihre Entscheidung doch richtig."

„Wahrscheinlich, ja. Trotzdem tut mir der Verzicht leid – mehr Sex wäre schön gewesen. Als Erinnerung. Man kann nicht alles haben. Jetzt ist es zu spät." Man kann also den Verzicht bedauern, aber unterm Strich ihn doch richtig finden. Man kann nicht alles haben.

Ein Rest Bitterkeit bleibt trotzdem. Zwischen „richtig" und „falsch" erstreckt sich nun mal eine Grauzone, und in dieser Grauzone spielt sich ein großer Teil des Lebens ab.

Ich wollte als junger Mann viele Kinder, mindestens drei. Aber es kam nur zu einem, bis ich mit 60 Jahren überraschend doch noch ein zweites Mal Vater wurde. Ein Lebenswunsch wurde erfüllt, allerdings zu einem Zeitpunkt, als ich diesen Wunsch längst abgehakt hatte.

Eigentlich hatte ich in dem Alter in den Süden ziehen wollen, vielleicht nach Südfrankreich oder Portugal, und dort das Restleben genießen. Gelegentlich würde ich mich auf meine Terrasse mit Meerblick setzen und entspannt ein bisschen schreiben, ein Autor kann überall arbeiten.

Das geht nun nicht mehr. Meine Frau hat einen Job, den sie mag und in Südfrankreich nicht ausüben kann. Wir Erwachsenen hätten das Pendeln zwischen zwei Wohnsitzen vielleicht noch hingekriegt – aber der Gedanke, meinen kleinen Sohn nur hin und wieder zu sehen, gefiel mir nicht. Und wenn er groß ist, werde ich für einen Umzug zu alt sein, falls ich dann noch lebe.

Im Grunde bin ich in einer ähnlichen Situation wie der alte Filmstar: Ich habe eine Entscheidung getroffen, die ich richtig finde, aber ein Rest von „Ach, hätte ich doch!" wird dennoch immer nachhallen. Das wäre auch dann so, wenn meine Entscheidung anders ausgefallen wäre.

Ignatius von Loyola, einer der Begründer des Jesuitenordens, soll im 16. Jahrhundert einen großartigen Rat zur optimalen Entscheidungsfindung gegeben haben. Man braucht dafür allerdings eine Woche Zeit, sieben Tage. Und es dürfen nur zwei Möglichkeiten zur Alternative stehen: Ja oder Nein, Schwarz oder Weiß.

In den ersten drei Tagen soll man davon ausgehen, Alternative Nummer eins gewählt zu haben. Endgültig. Die Entscheidung ist gefallen. Ich mache das jetzt.

Nun registriere deine Gefühle, sagt Ignatius. Notiere deine Gedanken. Anschließend folgen drei Tage, in denen du so tust, als hättest du die andere Möglichkeit gewählt. Unwiderruflich. Es ist wichtig, möglichst perfekt zu verdrängen, dass die Entscheidung noch offen ist. Was empfindest du jetzt? Am siebten Tag kannst du entscheiden.

Das „Ach, hätte ich doch!" kann allerdings auch ein bequemer Selbstbetrug sein. Ich hätte zum Beispiel gern ein Musikinstrument gelernt. Ich halte mich nämlich manchmal für musikalisch. Mein Vater war Musiker, er spielte Trompete, Posaune und Bass, er konnte gut singen und lebte zeitweise davon. Aber ich habe als Kind den Flötenunterricht bald verweigert, auch beim Gitarrenunterricht bin ich nicht über die dritte Stunde hinausgekommen.

Harald **Martenstein**

Der Schriftsteller (»Jeder lügt so gut er kann«) ist Redakteur des Berliner »Tagesspiegel«.

Benne **Ochs**

Der Hamburger ist darauf spezialisiert, Menschen authentisch in Szene zu setzen.

Die Wahrheit ist: Mir fehlt die Geduld, das Talent fehlt vermutlich auch. Ich würde gern Klavierspielen können, aber ich möchte es vorher auf gar keinen Fall lernen müssen. Mit dem „Ach, hätte ich doch!“ tue ich so, als wäre das Klavier je eine realistische Option für mich gewesen. War es aber nicht.

Lob der Gelassenheit

Zufrieden lebt der, dem es gelingt, sich mit seinen Restzweifeln zu arrangieren, meint Martenstein.

M

Meine Oma sprach, so lange ich sie kannte, davon, ihren Mann zu verlassen. Bis ins fortgeschrittene Alter blieb sie eine kapriziöse Schönheit und war davon überzeugt, etwas Besseres als ihn verdient zu haben. Sie saß in der Küche, zog wütend an ihrer Zigarette und sagte zu mir: „Hätte ich doch nur schon vor 20 Jahren mit deinem Großvater Schluss gemacht, diesem Klotz, diesem Langweiler.“

Mein Opa war schlicht, lustig und gutmütig, er betete seine Frau an, erledigte viel im Haushalt, und zu Monatsbeginn übergab er ihr fast sein gesamtes Gehalt in bar. Meiner Oma aber schwebte ein Opernstar vor oder ein Generaldirektor, die ganz sicher weniger pflegeleicht gewesen wären als ihr Mann. Mein Opa nahm sie, wie sie war.

Mit Ende 60 zog sie tatsächlich aus. Nach einigen Monaten kehrte sie zurück: Das Alleinleben war ihr eine Qual, und wenn es an der Tür klingelte, stand da niemals ein Opernstar, höchstens ein Zeuge Jehovas.

Von dieser Niederlage hat sie sich nie erholt – und mein Opa nicht von dem Trennungsschock; die Ehe hatte erst jetzt einen irreparablen Knacks. Hätte sie es nur gelassen!

Manchmal höre ich die These, dass es Fehlentscheidungen eigentlich gar nicht gibt. Aus Fehlern könne man lernen, insofern bringe jeder Fehler Gewinn. Na ja. Manchmal.

Es hängt vom Einzelfall ab, oder? Ein gescheiterter Auswanderer kann sich stolz sagen, dass er es immerhin versucht hat und jetzt klüger ist. Er kann aber auch gebrochen sein. Der Mensch, der sich für Treue und gegen die Verlockungen des Seitensprungs entschieden hat, weiß nicht einmal genau, ob er damit das für sein Leben Richtige getan hat, er vermutet es nur. Ausprobiert hat er es nicht.

Es gibt Fehlentscheidungen, die schnell klar zu erkennen sind. Bei den richtigen oder vermutlich richtigen Entscheidungen unseres Lebens aber müssen wir mit dem Zweifel leben. Auch wenn es gut ist, es könnte ja noch besser sein.

Keine Entscheidung ist perfekt – in dem Sinne, dass nicht dieser Rest von Zweifel bleibt, der hin und wieder nach oben schießt wie ein Geysir.

Das Streben nach Perfektion erschwert nicht nur die Entscheidungsfindung, es ist auch ein echter Glücksverhinderer, finde ich. „Gut“ ist meiner Ansicht nach gut genug. Das heißt, wenn ich im Leben die Wahl zwischen zwei Möglichkeiten habe, die mir beide verlockend vorkommen, kann ich eigentlich nichts falsch machen.

Ich muss mit dem „Ach, hätte ich doch!“ leben – das auf jeden Fall, aber das ist auszuhalten. Im Internet suchen viele Leute nach dem perfekten Partner. Jahrelang. In Wirklichkeit gibt es den perfekten Partner so wenig wie das ewige Leben. Gut ist eben gut genug.

»Das Streben *nach Perfektion* **ist ein** *echter* **Glücksverhinderer«**

Ein **guter Grund**

Wir wälzen Fragen, sammeln Argumente für den einen oder anderen Entschluss: Doch oft sind wir am zufriedensten mit Entscheidungen, so haben Wissenschaftler herausgefunden, wenn wir nur *einen* wirklich guten Grund gefunden haben

kopf oder bauch?

TEXT:

Sebastian **Kretz** und Bertram **Weiß**

•

ILLUSTRATIONEN:

Julia **Pfaller** *exklusiv für* GEO WISSEN

Entscheidungen fallen uns manchmal sehr schwer, so die Erkenntnis der Forschung, weil wir zu kompliziert denken, zu lange das Für und Wider abwägen. Experten haben fünf Ratschläge entwickelt, wie man eine gute Wahl trifft – und auf diese Weise quälendes Kopfzerbrechen vermeiden kann

u

Unser Alltag besteht aus einer unendlichen Folge von Entscheidungen, beruflich und privat. Unablässig müssen wir bestimmen, was zu tun ist. Manche Wahl treffen wir mit Bedacht, andere eher nebenbei, beinahe unmerklich; manche Entschlüsse beeinflussen das Hier und Jetzt, andere lenken unser Leben insgesamt in eine neue Richtung.

Doch was sind gute Entscheidungen, und was sind schlechte? Wie gehen wir mit Komplexität um, wie mit Unwissenheit oder Zeitdruck? Sollen wir eher auf den Kopf achten oder auf den Bauch, auf den Verstand also oder die Intuition? Eben diese erdrückende Vielfalt von Fragen macht die Wahl oft so qualvoll. Deshalb wägen wir oft über Tage, Wochen oder gar Monate das Für und Wider ab; liegen nachts grübelnd wach oder können uns kaum auf etwas anderes konzentrieren.

Forscher versuchen schon seit Langem zu ergründen, nach welchen Regeln wir entscheiden – welche Gesetzmäßigkeiten des Fühlens, Denkens und Handelns uns bei kleinen und großen Entscheidungen leiten. Sie haben vor allem zwei grundsätzliche Tendenzen ausgemacht, denen wir je nach Temperament mehr oder weniger folgen.

Die eine nennen Psychologen *need for closure*, „Bedürfnis nach einem Ende“: Man versucht möglichst schnell eine eindeutige Antwort zu finden, die man oft gegen jede Kritik verteidigt.

Die andere Tendenz bezeichnen Forscher als „Maximierung“. Das bedeutet: Man sammelt viele Informationen, um eine optimale Wahl zu treffen.

Allerdings lassen sich nach Einschätzung der Experten die großen Fragen des Lebens mit keiner dieser zwei Strategien optimal bewältigen: Wer über einen Jobwechsel nachdenkt, einen Umzug, über Hochzeit, Kinder oder Trennung, der sollte keine übereilte Entscheidung treffen, nur um die Unklarheit nicht ertragen zu müssen.

Und wer lange rechnet und recherchiert, um die perfekte Entscheidung zu finden, erliegt einer Illusion; denn weder lassen sich sämtliche relevanten Informationen ermitteln, noch wäre ein Mensch in der Lage, sie alle zu verarbeiten. Wie auch immer die Entscheidung ausfällt: Es werden stets Zweifel bleiben, ob sie wirklich bestmöglich war.

Der Weg zu einem guten Entschluss, darüber sind sich die Fachleute einig, besteht darin, umzugehen zu lernen mit der Ungewissheit zwischen vorschnellem Urteil und ausufernder Informationssuche. Wir müssen die „Unsicherheit umarmen“, so ein von Sozialwissenschaftlern benutztes Bild.

Doch wie kann das gelingen? Forscher versuchen Ordnung in die komplexen Prozesse zu bringen, mit denen wir eine Wahl treffen. Und sie empfehlen, einige Vorschläge zu beachten:

- sich nicht nur auf den Kopf verlassen;
- auf Gefühle hören;
- nach Faustregeln suchen;
- nicht nach Perfektion streben;
- einen einzigen guten Grund finden.

Wem es gelingt, diese fünf Prinzipien im Blick zu behalten, der wird, so das Versprechen der Wissenschaftler, eine gute Entscheidung treffen.

Erst die Freiheit, selbst und womöglich falsch zu entscheiden, macht uns zu Menschen

I. Sich nicht allein auf den Kopf verlassen

Weshalb Statistiken nicht immer weiterhelfen – und wir nicht der Ratio allein vertrauen sollten

Der Psychologe Gerd Gigerenzer zählt zu jenen Wissenschaftlern in Deutschland, die erforschen, wie wir richtig Entscheidungen fällen können. In Dutzenden Studien hat er das menschliche Entscheidungsverhalten beschrieben.

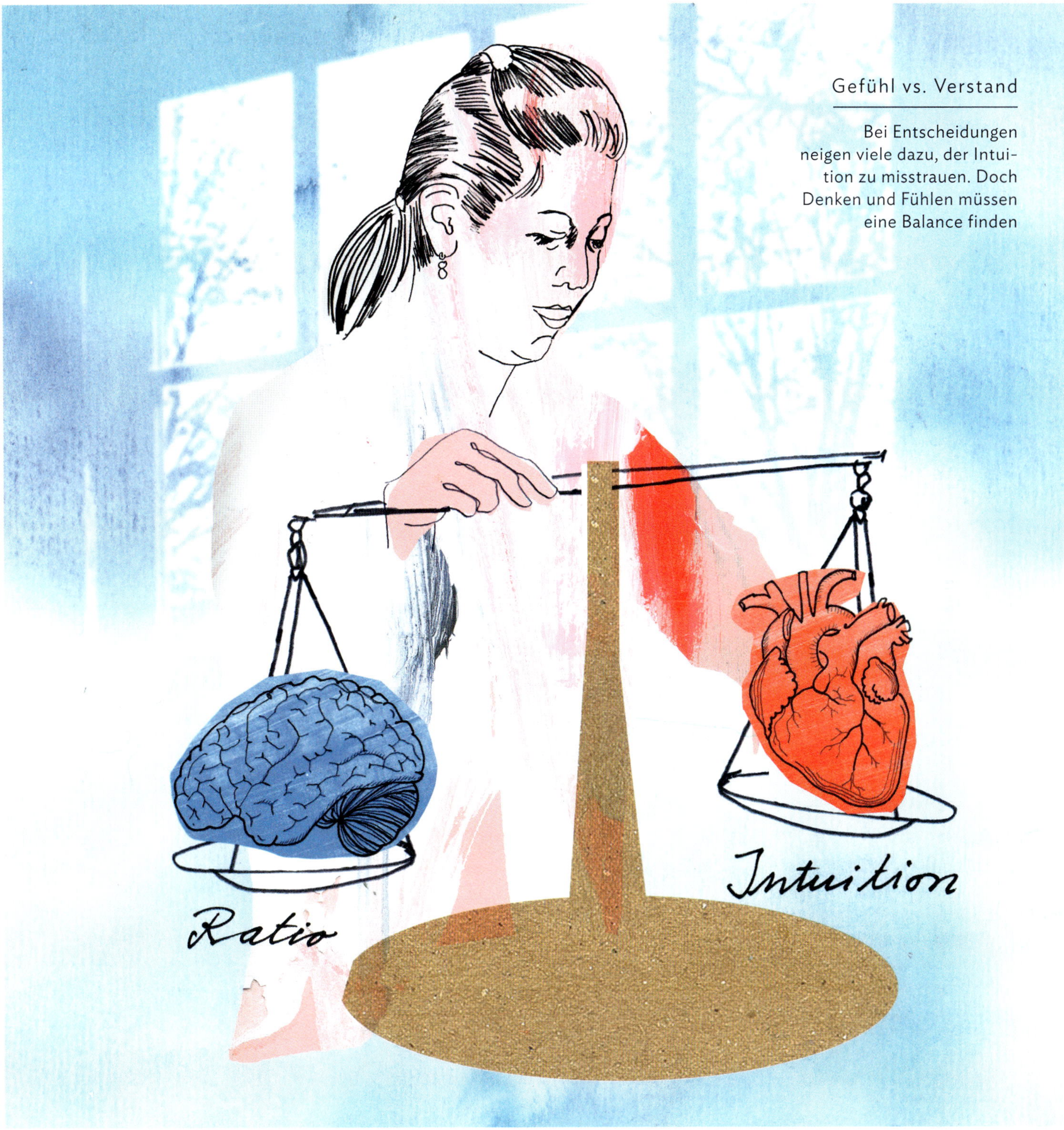

Gefühl vs. Verstand

Bei Entscheidungen neigen viele dazu, der Intuition zu misstrauen. Doch Denken und Fühlen müssen eine Balance finden

Sein erstaunliches Fazit: Der Versuch, die rechte Wahl allein mit Mitteln der Logik und der Statistik zu bestimmen, führt oft zu schlechten Ergebnissen.

„Wenn Sie Lotto spielen, sollten Sie rechnen", sagt er: „Wenn Sie es aber, wie meist im Leben, mit Ungewissheit zu tun haben, brauchen Sie etwas Besseres. Weil die Zukunft nun einmal nicht wie die Vergangenheit ist – sie birgt Überraschungen."

Dass Menschen immer wieder versuchen, sich durch Logik zu einer Entscheidung vorzuarbeiten, wurzelt in der Epoche der Aufklärung. Damals, im 17. Jahrhundert, erforschten Mathematiker wie der Schweizer Jakob Bernoulli die Gesetze der Wahrscheinlichkeit. Das war eine Befreiung: Die Zukunft lag nun nicht mehr in der Hand übersinnlicher Mächte. Ereignisse ließen sich mit Rechenmodellen vorhersagen.

Seither gilt: Zahlen geben vielen Menschen das Gefühl, sie hätten die Welt im Griff. Im digitalen Zeitalter treiben viele von uns diese Quantifizierung auf die Spitze: 50 Prozent Regenwahrscheinlichkeit, 90 Prozent Übereinstimmung mit dem Online-Partner, 40 Prozent Risiko eines Kreditausfalls. Die Welt scheint berechenbar.

Die Wirtschaftswissenschaften haben dazu das Modell des „Homo oeconomicus" hervorgebracht, des stets rational denkenden Menschen, der in jeder Situation versucht, möglichst großen Nutzen zu erzielen. Danach können wir immer die beste aller möglichen Entscheidungen treffen, wenn wir uns an Zahlen und Fakten halten.

So scheint es.

In Wahrheit sind die Möglichkeiten der Statistik begrenzt. Sie ist nur dann aussagekräftig, wenn sämtliche Kosten und Nutzen bekannt sind, sich in Zahlen fassen und vergleichen lassen.

Bei den allermeisten individuellen Lebensentscheidungen ist die Anzahl der Faktoren, die in die Rechnung einfließen müssten, aber nicht überschaubar. Wie müsste etwa die Gleichung lauten, wenn wir berechnen wollten, ob wir einen Job annehmen oder nicht? Wie ließe sich in Zahlen fassen, ob wir ein Kind bekommen wollen oder nicht?

Um zu guten Entscheidungen zu kommen, gilt es, nicht der Ratio allein zu vertrauen, sondern auch spontanen Impulsen, die aus dem Unbewussten unseren Weg lenken.

Gute Begründung

Mit Pro-und-Contra-Listen versuchen wir, Argumente zu ordnen. Doch vergessen wir dabei oft, deren Bedeutung angemessen zu gewichten

II. Auf die Gefühle hören

Wieso auch unser Bauch intelligent ist – und wir unbedingt auf spontane Impulse achten sollten

Ein paar Wochen, nachdem Louisa Kamrath sich für ein Studium der Sozial- und Kulturwissenschaften eingeschrieben hatte, wurde ihr unwohl. Sie machte einen Schwangerschaftstest. Positiv. Die junge Frau verdiente kaum Geld, lebte in Berlin, studierte in Frankfurt an der Oder und hatte etliche Semester vor sich – in einem Fach, das keinen einträglichen Job garantiert. Sie und ihr Freund hatten kein Kind geplant. Auf einer Pro-und-Contra-Liste hätte es kaum Positives gegeben.

Dennoch kam Louisa Kamrath zu einer klaren Entscheidung: „Ich beschloss, das Baby auf jeden Fall zu bekommen, selbst wenn mein Freund ablehnend reagiert hätte." Im Juni 2016 gebar sie ihre Tochter: „Ich habe mich auf eine Art Weltvertrauen verlassen, dass alles schon irgendwie wird."

Das klingt nicht nach einer klugen Strategie. Doch Entscheidungsforscher wie Gerd Gigerenzer verteidigen derartige Beschlüsse, die aus dem Bauch heraus entstehen. Denn sie sind vermutlich das Ergebnis einer Art unbewusster Intelligenz. Anders als unsere kühl kalkulierende Ratio, aber nicht minder hilfreich. Unser Unbewusstes verfügt über eine Fülle von Informationen, von Erinnerungen, Sinnesreizen und Gefühlen. Wenn wir uns mit einer Entscheidung plagen, greift unser Gehirn quasi auf eine Bibliothek von unbewussten Erfahrungen zurück, die es im Laufe des Lebens angesammelt hat.

Manchmal dringen diese Informationen bis in unser Bewusstsein vor, doch oft beeinflussen sie unsere Wahl nur unterschwellig. Eine Fülle gespeicherter Körpergefühle hilft uns beispielsweise dabei, im Restaurant zwischen Dutzenden Gerichten zu wählen – sei es ein früheres Unwohlsein nach einem Muschelessen oder der Geschmack eines perfekt gegarten Steaks.

Gefühle sind also keine Störfaktoren auf dem Weg zu einer Entscheidung, sondern eine unabdingbare Voraussetzung. Die Kunst besteht darin, die unbewussten Impulse nicht zu ignorieren oder als unnütz abzutun.

Wie aber schaffen wir es, dem Unbewussten zu vertrauen, wenn wir so sehr an Daten und Fakten hängen?

Wir können üben, die eigenen Impulse achtsam zu spüren, gleichsam hineinlauschen in unsere inneren Regungen und physischen Reaktionen.

Oder wir vereinfachen Entscheidungsprozesse mithilfe von Faustregeln – zumal dann, wenn für langwieriges Abwägen keine Zeit bleibt.

III.
Nach Faustregeln suchen

Weshalb es gut ist, Entscheidungen zu vereinfachen – vor allem, wenn es schnell gehen muss

Ein Schrei hallt über das Spielfeld, als die Spielerin des TSV Crailsheim zu Boden geht und auf dem Rasen aufschlägt. Die Schiedsrichterin Alessa Plass hat nur Sekunden Zeit, ihre Entscheidung zu treffen. War es ein Foul? Oder eine Schwalbe der Angreiferin?

Eine Schiedsrichterin trifft etwa 200 Entscheidungen pro Spiel. „Wenn ich länger als zwei Sekunden zögere, legen mir die Spielerinnen das als Unsicherheit aus", erklärt Alessa Plass.

Unparteiische können nie alles sehen, Spielsituationen sind komplex. Um Fehler zu vermeiden, folgen sie einem Entscheidungsbaum:

- Entscheide nach Wahrnehmung.
- Wenn du nichts gesehen hast, entscheide nach Wahrnehmung der Assistenten.
- Wenn die nichts gesehen haben, entscheide gemäß der Reaktion der Spieler.
- Ist diese Reaktion nicht eindeutig, befrage die Spieler.

Eine derart simpel anmutende Struktur funktioniert ähnlich auch in Berufen, in denen es um Leben oder Tod geht: Der Arzt in der Notaufnahme eines Krankenhauses muss binnen weniger Minuten entscheiden, welchen Patienten er sofort in den Operationssaal schickt – und wer noch eine Stunde warten kann. Unmöglich, in der Kürze der Zeit alle Informationen über den Zustand eines Patienten abzurufen. Deshalb beruft sich der Arzt auf Faustregeln und einige wenige Parameter: Atmung, Puls, Gesamteindruck.

Fahrlässig? Nein, lebensrettend.

Denn das Verblüffende an derartigen Faustregeln – die in der Psychologie „Heuristiken" heißen – besteht darin, dass sie erstaunlich gute Ergebnisse liefern. Wissenschaftler haben sie mit Experimenten überprüft: Heuristiken sind der Statistik und dem Algorithmus oft überlegen.

Wo landet ein heranfliegender Ball, den wir zu fangen versuchen? Die rationale Berechnung der Flugkurve eines Balls ist für den Menschen unmöglich.

Doch eine einfache Faustregel ermöglicht es, den Ball mit ziemlicher Sicherheit aufzufangen: Man fixiert den heranfliegenden Ball und hält im Laufen den Blickwinkel zum Ball konstant. So wird man genau da zum Stehen kommen, wo er niedergeht. Denn das Gehirn wird die Bewegungen unbewusst richtig lenken.

Eilt eine Entscheidung, müssen wir die Faktoren radikal vereinfachen, sagen Forscher

Der Finanzmarkt ist unberechenbar? Investieren Sie Ihr Vermögen zu gleichen Teilen in mehrere Anlageformen, etwa in Immobilien, Staatsanleihen, Aktien. Forscher haben diese Methode mit dem Erfolg aufwendiger Investment-Algorithmen verglichen. In sechs von sieben Fällen erbrachte die Faustregel die bessere Rendite.

Eine streitbare Person nähert sich? Beginnen Sie das Gespräch freundlich und werden Sie erst unfreundlich, wenn Ihr Gegenüber es wird; und werden Sie danach wieder freundlich. Wissenschaftler haben diese „Wie du mir, so ich dir"-Strategie in Computersimulationen gegen komplexere Vorgehensweisen antreten lassen, und es hat sich gezeigt, dass sie Konflikte besser löste.

Solche Heuristiken können das Leben einfacher machen. Oft aber steht dem ein Wunsch entgegen, der viele Menschen in die Unzufriedenheit treibt: der nach der perfekten Lösung.

IV.
Nicht nach Perfektion streben

Warum die Suche nach optimalen Entscheidungen in eine Falle führt – und die Folge Reue und Bedauern sind

Eine junge Frau, Anfang 20, kerngesund, sitzt in der Sprechstunde der Gynäkologin Dorothee Speiser in der Berliner Charité. Sie hat einen erstaunlichen Wunsch: Sie will sich das Brustdrüsengewebe entfernen lassen.

Die Mutter der Frau ist an Krebs gestorben, die Tochter hat ein genetisch leicht erhöhtes Risiko. Was soll die Ärztin der Patientin raten?

„Das Risiko der jungen Frau war nicht so hoch, dass eine vorsorgliche Entfernung des Gewebes sinnvoll gewesen wäre", sagt Dorothee Speiser, die ein Zentrum für familiären Brust- und Eierstockkrebs leitet. Um Kunstfehler zu vermeiden, besprechen die Krebsmediziner jeden Fall in sogenannten Tumorkonferenzen. Auch dies ist eine Faustregel: Man sollte stets jemanden um Rat fragen, der kompetent und frei von Interessenkonflikten ist.

Bei der Frau waren sich die Kollegen einig: Die Operation ist unnötig.

Doch eine solche Entscheidung bleibt immer eine Abwägung: „Vollständige Gewissheit kann ich in der Medizin natürlich nie erreichen. Es kann passieren, dass eine Patientin erkrankt, obwohl wir uns nach allen Standards und Leitlinien bemüht haben, das Risiko so weit wie möglich zu reduzieren", sagt Dorothee Speiser.

Ihre Entscheidung, den Eingriff abzulehnen, war richtig – denn sie wurde auf Grundlage von festen Regeln und etabliertem Wissen getroffen.

Aber war sie auch die bestmögliche? Hätten vielleicht weitere Untersuchungen und vertiefte Recherche zu einem anderen Ergebnis geführt?

Manche Menschen neigen dazu, stets die optimale Wahl treffen zu wollen. Sie sammeln immer weiter nach Informationen, versuchen alle erdenklichen Aspekte und Argumente einzubeziehen. Sie leiden darunter, wenn es nicht gelingt, den einen perfekten Weg ausfindig zu machen – und haben sie eine Entscheidung einmal gefällt, quält sie die Ungewissheit, ob es nicht noch etwas Besseres gegeben hätte.

Dieser Wunsch nach dem Optimum ist eine Verhaltenstendenz, die Psychologen als „Maximierung" bezeichnen. Sie ist typisch etwa für gut verdienende Manager, die unentwegt im Internet nach neuen Jobangeboten suchen – weil es irgendwo einen besseren Posten geben könnte. Oder für den jungen Mann, der nicht mit seiner Partnerin zusammenzieht – weil er vielleicht schon morgen eine interessantere Frau kennenlernen könnte.

Unser Alltag ist voller Maximierungsfallen. Denn ständig stellt sich die Frage: Was soll ich aus dem mir offenstehenden, schier unbegrenzten Angebot wählen? Für Maximierer kommt da nur eines in Betracht: das Beste.

Mit dem ständigen Streben nach der optimalen Entscheidung hat sich der US-Psychologe Barry Schwartz befasst. Sein Fazit: „Es sind Maximierer, deren Erwartungen sich nicht erfüllen lassen. Es sind Maximierer, die sich die meisten Gedanken machen über spätere Reue, über verpasste Gelegenheiten, über den Vergleich mit anderen. Und es sind Maximierer, die besonders enttäuscht sind, wenn die Ergebnisse von Entscheidungen schlechter sind als erwartet."

Doch es gibt einen Ausweg aus der Maximierungsfalle: eine Regel, die als Leitspruch fürs Leben dienen kann.

V.
Nur einen guten Grund finden

Weshalb Genügsamkeit ein guter Ratgeber ist – und uns zu Glücksgefühlen verhilft

In Jan Kucks Atelier auf einem ehemaligen Berliner Eisenbahngelände liegen Küchenwaagen und Kaffeekapseln um einen Betonblock, aus dem ein beleuchtetes Kantholz ragt: die Installation, mit der Kucks Karriere begann.

Mit Anfang 20 hatte sich Kuck für ein Jurastudium eingeschrieben. „Ich wollte schon damals Künstler werden, aber ich dachte, ich brauche eine Absicherung." Doch nach vier Jahren brach der Hannoveraner das Studium ab, zog nach Berlin, schrieb einen Roman und entwarf Möbel. „Ich hatte das Gefühl, etwas Kreatives aus mir herausholen zu müssen. Als Jurist hätte ich das nicht gekonnt. Ich glaube, damit hätte ich mich verraten."

Die Ungewissheit nach dieser Entscheidung musste er zehn Jahre lang aushalten. Der Erfolg begann erst, als er seine Galeristin kennenlernte.

Als Kuck beschloss, in eine fremde Stadt zu ziehen und die ungewisse Laufbahn des Künstlers einzuschlagen, befolgte er damit die vielleicht schlichteste und zugleich wichtigste Faustregel,

Keine Sehnsucht nach Gewissheit

Zu einer guten Entscheidung gehört es auch, so Experten, dem Verlangen nach vorschneller Klärung zu widerstehen

Orientierung

Um in komplexen Entscheidungssituationen handeln zu können, helfen Faustregeln. Durch Erfahrungen vermögen wir herauszufinden, welche für uns funktionieren

die Entscheidungsforscher ausgemacht haben: Finden Sie einen richtig guten Grund – und ignorieren Sie den Rest.

„Wenn Sie ein Maximierer sind und das Prinzip *One Good Reason* zum ersten Mal ausprobieren, wird Sie die schleichende Angst befallen, etwas zu verpassen“, sagt Gerd Gigerenzer. „Doch das verschwindet nach ein paar positiven Erfahrungen.“

Auch Barry Schwartz, der US-Psychologe, empfiehlt, sich im Dickicht der Optionen auf das Wesentliche zu konzentrieren: Wählen Sie die erste Alternative, die Ihren Ansprüchen genügt. Und hören Sie dann auf zu suchen.

Diese Haltung bricht, so scheint es, mit den Maximen der Leistungsgesellschaft. Sie stellt Grundsätze infrage, die unsere Wirtschaft und Gesellschaft am Laufen halten.

Sie kehrt den Satz „Das Bessere ist der Feind des Guten“ einfach um: „Das Gute ist der Feind des Besseren.“

Aber kann „gut genug“ denn wirklich genügen?

„Satisficing“ nennen Psychologen die Tendenz, es gut sein zu lassen. Es ist ein Kunstwort, das der Wirtschaftsnobelpreisträger Herbert A. Simon aus „to satisfy“ (befriedigen) und „to suffice“ (genügen) gebildet hat. Und dieses Verhalten scheint sehr erfolgreich zu sein.

Denn seriöse Studien zeigen: Satisficer genießen freudige Ereignisse deutlich intensiver als die Maximierer. Sie erholen sich schneller von Rückschlägen, neigen weniger zu Depressionen und sind allgemein zufriedener.

Die Wissenschaft der Entscheidung lässt uns immer besser verstehen, auf welche Weise wir eine Wahl treffen, welche Wege zu guten Entscheidungen führen können. Die Forscher sammeln und analysieren Muster, beobachten Denkprozesse, definieren Faustregeln.

Und doch muss auch jeder Einzelne für sich herausfinden, welche Grundsätze individuell am besten funktionieren. Es gibt keine allgemeingültigen Rezepte, keine Handlungsanweisungen, die für jeden und in jeder Situation funktionieren.

Aber jeder kann für sich allein ein solches Prinzip finden. So wie der Apple-Mitgründer Steve Jobs, einer der erfolgreichsten Unternehmer der letzten Jahrzehnte.

GUT ZU WISSEN

Bauchgefühl

Forscher fanden heraus, dass Entscheidungen zunächst in emotionalen Hirnregionen reifen und erst dann rational ergänzt werden.

Abwägung

Wer sich nur auf sein Gefühl verlässt, macht leicht Fehler. Aber es ist ineffizient, alles immer bis ins letzte Detail durchdenken zu wollen.

Kompromiss

Effizienter entscheiden wir zumeist, wenn wir sowohl unser Bauchgefühl als auch die ein, zwei wichtigsten rationalen Faktoren berücksichtigen.

Reue plagt vor allem jene, so zeigen Studien, die immer das Beste suchen

Jeden Morgen schaue er in den Spiegel, so erzählte Jobs 2005 in einer berühmt gewordenen Rede vor Hochschulabsolventen, und frage sich: „Wenn heute der letzte Tag meines Lebens wäre, würde ich dann tun wollen, was ich heute zu tun vorhabe?“

Denn, so fuhr Jobs fort (der zuvor eine schwere Krebserkrankung überlebt hatte und 2011 gestorben ist): „Mich an meine Sterblichkeit zu erinnern ist das wichtigste Werkzeug, um mir zu helfen, die großen Entscheidungen im Leben zu treffen. Fast alles – alle Erwartungen, aller Stolz, alle Ängste vor Scham oder Scheitern – all das verblasst im Angesicht des Todes.“

Und dann fügte er hinzu: „Es gibt keinen Grund, nicht dem eigenen Herzen zu folgen.“

Die vielen Stimmen in uns

Was wir als unser bruchloses Ich empfinden, ist in Wirklichkeit aufgeteilt in verschiedene Ich-Zustände – und sie alle beeinflussen unser Urteilsvermögen

TEXT:
Rainer **Harf**

FOTOS:
Cornelia **Hediger**

Wie wir uns entscheiden, hängt maßgeblich davon ab, welcher unserer Ich-Zustände gerade besonders präsent ist

Ganz gleich, in welcher Situation wir eine Entscheidung treffen, ob beim Einkaufen, beim Autofahren, beim Gespräch mit einem Freund oder beim Joggen im Wald, morgens, abends oder am Tag darauf: Für uns fühlt es sich stets so an, als fasse das gleiche Ich den Entschluss – nämlich unser ureigenes Ich, eine unteilbare Einheit, unser individuelles Wesen.

Forscher haben jedoch herausgefunden, dass dieses Gefühl eines gleich bleibenden Ichs eine Illusion ist – mehr noch: dass es sogar mehrere Ich-Formen gibt, unser Bewusstsein also offenbar in einer Vielfalt unterschiedlicher Facetten auftreten kann.

Anders gesagt: Das, was wir als eine in sich geschlossene Instanz erleben, ist in Wirklichkeit ein zusammengesetztes Konstrukt aus verschiedenen Ich-Zuständen.

Immer dann, wenn wir von einem Zustand in einen anderen wechseln, verschiebt sich gleichsam unser innerer Blick, nimmt die Steuer- und Entscheidungszentrale in unserem Kopf etwas anderes in den Fokus. Hirnforscher und Neuropsychologen unterscheiden bis zu neun Bewusstseinszustände, die wir mit unserem Ich in Verbindung bringen. Dazu gehören:

• die Wahrnehmung von Vorgängen in der Umwelt und im eigenen Körper („Ich höre ein Geräusch, ich empfinde Schmerz, mich juckt etwas");

• mentale Zustände wie Denken, Erinnern, Vorstellen („Ich grübele über ein Problem, ich erinnere mich an einen Urlaub, ich überlege, was ich morgen machen werde");

• Bedürfnisse, Affekte, Emotionen („Ich habe Durst, ich bin erschöpft, ich ängstige mich");

• das Erleben der eigenen Identität und Kontinuität („Ich bin der, der ich gestern war");

• die Meinigkeit des eigenen Körpers („Dies sind meine Beine, meine Hände, mein Gesicht");

• die Autorschaft und Kontrolle eigener Handlungen und Gedanken („Ich möchte das tun, was ich gerade tue");

• die Verortung des Selbst in Zeit und Raum („Es ist Ostermontag, ich bin zu Hause");

• die Unterscheidung zwischen Realität und Vorstellung („Was ich sehe, existiert wirklich und ist kein Traum");

• das selbstreflexive Ich („Wer bin ich? Warum tue ich das, was ich tue?").

Mitunter konkurrieren zwei Facetten unserer Persönlichkeit miteinander, dann fällt die Wahl, etwa für ein Outfit, umso schwerer

Laien mag es ein wenig befremdlich erscheinen, dass Wissenschaftler so scharf zwischen diesen einzelnen Bewusstseinszuständen unterscheiden – immerhin fühlt es sich für uns doch so an, als sei es stets dasselbe Ich, das sich bewusst darüber ist, dass etwa unser Bein schmerzt, der Magen knurrt, dass wir gerade wach sind, in einer Zeitung lesen oder auf einem Bürostuhl sitzen.

Und doch: Jeder einzelne dieser Ich-Zustände kann ausfallen, ohne dass die anderen Ich-Zustände davon beeinträchtigt wären. Das zeigt sich an Patienten mit bestimmten neurologischen Störungen, die ihr Ich auf dramatische Weise anders wahrnehmen als Gesunde.

So gibt es Menschen, die durch einen Hirntumor das selbstreflexive Ich verloren haben. Zwar spüren sie nach wie vor ihren Körper, und juckt etwa der Arm, können sie also durchaus entscheiden, sich zu kratzen. Sie können sprechen, sich Gedanken über die Zukunft machen, Pläne schmieden. Aber sie haben keinerlei Ahnung, wer sie sind: Sie erkennen sich nicht im Spiegel. Andere Betroffene wissen nicht mehr, wo sie sich gerade aufhalten; oder sie behaupten, sie seien an zwei unterschiedlichen Orten gleichzeitig. Wieder andere sind sich zwar völlig bewusst darüber, wer sie sind und wo sie sich befinden; doch haben sie (etwa nach einem Schlaganfall) ihr Empfinden dafür verloren, dass ihr eigener Körper zu ihnen gehört, sie fühlen sich wie Geister in fremder Haut.

Die diversen Bewusstseinszustände sind in der Regel jedoch nicht alle gleichermaßen präsent: Vielmehr wechseln sich die Facetten unseres Ichs ständig ab – wenn auch zumeist unmerklich.

Es ist ein stetes Kommen und Gehen, ein Auf und Ab, das wir (wenn wir darauf achten) an uns beobachten können: In einem Moment denken wir vielleicht an den letzten Urlaub und überlegen, wohin die nächste Reise gehen soll. Dann aber stoßen wir uns an einer Türschwelle den Fuß, Schmerz schnellt in unser Bewusstsein – und die Wahl einer geeigneten Urlaubsdestination ist sofort irrelevant. Wichtiger ist nun die rasche Entscheidung, sich um die Zehen zu kümmern. Kann ich sie noch bewegen, ist etwas gebrochen?

Lässt der Schmerz nach ein paar Minuten nach, verblasst auch diese Körperwahrnehmung wieder (gewissermaßen der Körper-Ich-Modus) – und vielleicht wird uns stattdessen bewusst, dass wir hungrig sind: Das „Affekt-Ich" schiebt sich in den Vordergrund, im Fokus steht die Befriedigung eines Bedürfnisses. Wir überlegen also, worauf wir Appetit haben, entscheiden uns für eine bestimmte Speise.

Hätten wir uns, um im Beispiel zu bleiben, nicht den Fuß gestoßen, wäre unser Ich womöglich länger im Modus des Erinnerns und Planens geblieben, hätten wir uns vielleicht für ein nächstes Urlaubsziel entschieden.

Dass wir diesen permanenten Wandel an Bewusstseinszuständen nicht als ständigen Bruch unseres Ichs erleben, die Welt uns also nicht zerrissen erscheint, verdanken wir der erstaunlichen Gabe unseres Gehirns, all diese Versatzstücke zu einer meist widerspruchsfreien, nahtlos zusammenhängenden Geschichte zu verweben – der Geschichte unseres unteilbaren Ichs. ‹

die sache mit der moral

Es gibt eine Überzeugung, die so tief in uns wurzelt, dass sie jede unserer Entscheidungen färbt: die Moral. Doch woher kommt unsere Vorstellung von Richtig und Falsch? Ist sie angeboren oder erworben? Und weshalb führt uns unser innerer Kompass manchmal in die Irre? Forscher entschlüsseln das Wesen der Werte – und wie sie uns durchs Leben lenken

TEXT:
Mathias **Mesenhöller**
•
FOTOS:
Mark **Laita**

Polygamisten

Der Amerikaner Mark Laita hat Landsleute porträtiert, die Moralvorstellungen infrage stellen – wie diese Mitglieder einer christlichen Sekte aus Utah, die polygam leben

Schlangenbeschwörer

Der Prediger Junior McCormick gehört der Pfingstbewegung in Georgia an, bei der das lebensbedrohliche Hantieren mit Giftschlangen als Glaubensbeweis gilt

S

Sie ist einer der stärksten Antriebe, dem wir Menschen folgen. Denn sie vermittelt uns bei fast allen Entscheidungen ein verlässliches Gespür dafür, was richtig und was falsch ist: Die Moral ist unser innerer Kompass. Sie bildet unsere Richtschnur für die vielen kleinen und großen Entschlüsse, die wir in unserem Leben fassen.

Moralische Vorstellungen lenken uns durch unseren Alltag, sie durchziehen unser Verhältnis zu anderen Menschen, bestimmen unser politisches Denken, stehen hinter den Gesetzen, die wir uns geben.

Wenn wir Alte und Kranke pflegen, ein gefundenes Portemonnaie zurückgeben oder es bereuen, im Affekt ein Kind geschlagen zu haben, folgen wir weniger einer nüchtern-rationalen Überlegung als vielmehr einem tiefen moralischen Empfinden.

Effizienter als Angst vor Entdeckung und Strafe hält es uns davon ab, unseren Partner anzulügen, an fremden Orten die Zeche zu prellen, in der Drogerie den teuren Lippenstift einzustecken oder gar den Erbonkel die Kellertreppe hinabzustoßen.

Woher aber rührt die Moral? Woher kommt jenes so fest verankerte Gespür, das uns befähigt, die Welt um uns herum und auch uns selbst – unsere Wünsche, Ideen und Handlungen – als richtig oder falsch anzusehen?

Lange standen sich in dieser Frage zwei philosophische Schulen gegenüber. Der einen galt die Moral als eine mühevolle Bändigung unserer rohen, „tierischen" Natur. Die andere hielt dagegen, der Mensch sei von Natur aus gut – aber verdorben durch die Zivilisation, durch Privateigentum, durch die Herrschaft weniger über viele.

Jüngere Forschungen zeigen, dass die Dinge weitaus komplizierter liegen. Dass ein genuiner Altruismus, die aufrichtige Sorge um andere, sowie das Streben nach einer moralischen Haltung ebenso tief im Menschen verwurzelt sind wie seine dunkle Seite. Dass nicht Zivilisation und Natur gegeneinanderstehen, sondern wohlwollende und aggressive Instinkte. Schlechte Ideen und gute.

Kurz gesagt: dass der Mensch entscheiden kann. Und muss.

Um diese Wahl zu verstehen, ist es sinnvoll, sich mit der menschlichen Evolution zu beschäftigen, mit dem Gehirn des *Homo sapiens* und den Facetten unserer Psyche. Und sich folgende Fragen zu stellen:

- Welche stammesgeschichtlichen Prägungen und uralten Instinkte bestimmen unsere Moral?
- Welche Faktoren spielen bei der konkreten, individuellen Entscheidung für diese oder jene Option eine Rolle?
- Welchen Einfluss hat das Elternhaus auf den inneren Kompass für Richtig und Falsch?
- Und lässt sich, jenseits unserer Instinkte, überhaupt ein allgemeiner Maßstab finden für Richtig und Falsch, Gut und Böse?

So allgegenwärtig die Moral unser Leben bestimmt, so faszinierend kompliziert ist sie bei näherer Betrachtung.

In den vergangenen Jahren haben sich die Hinweise gemehrt, dass die Fähigkeit, moralisch zu handeln, zur Natur des Menschen gehört, zu seiner biologischen Grundausstattung.

Im Gegensatz zu dem bei Forschern lange Zeit verbreiteten Bild ist *Homo sapiens* seinem Wesen nach kein skrupelloser Egoist, der allenfalls aus taktischen Gründen Rücksicht auf andere nimmt.

Dafür sprechen Befunde vor allem aus der Forschung mit Kleinkindern und der mit Menschenaffen: Beide Gruppen liefern wertvolle Hinweise, wenn es darum geht, unserer unverstellten Natur und ihrer Evolution auf die Spur zu kommen.

[Mit einem Jahr können Kinder bereits erkennen, ob jemandem ein Unrecht geschieht]

So bestrafen schon einjährige Kinder diejenige Figur, die sich in einem Puppenspiel unfair zeigt, während sie leidende Mitmenschen spontan trösten.

Und viele Kleinkinder kennen bereits den Unterschied zwischen kulturellen Konventionen („Man soll nicht im Schlafanzug in die Schule gehen") und moralischen Prinzipien („Du sollst anderen nicht wehtun") – also zwischen Verstößen, die andere nur ärgern, und solchen, die ihnen Schaden zufügen.

Diese Intuition wurzelt offenbar in unserer Evolution.

f

Forscher haben herausgefunden, dass unter sozialen Lebewesen eine Art emotionale Ansteckung verbreitet ist, die Übernahme von Empfindungen eines Artgenossen. Das ist nützlich, wenn etwa ein Vogel von einem Raubtier aufgeschreckt wird und prompt der ganze Schwarm abhebt: Ein Vogel, der die Angst der anderen nicht reflexhaft teilt, wird schneller gefressen.

Bei höheren Tieren hat sich aus emotionaler Ansteckung die Empathie entwickelt – also das Vermögen und die Bereitschaft, sich in Gedanken und Empfindungen eines anderen hineinzuversetzen. Bei manchen Arten geht dies so weit, dass sich Individuen in Nöte oder Bedürfnisse anderer einfühlen können – selbst wenn sich die fundamental von den eigenen unterscheiden.

Der Zoologe und Verhaltensforscher Frans de Waal führt dafür das Beispiel des Bonobo-Weibchens Kuni aus dem Twycross-Zoo in der Nähe von Birmingham an, das eines Tages einen Star gefangen hatte. Als es den Vogel wieder freigab, blieb der in Schockstarre sitzen – selbst nachdem Kuni ihn mehrfach angestupst hatte.

Daraufhin nahm sie den Star, kletterte auf die Spitze eines Baums, breitete seine Flügel aus und schleuderte das Tier mit aller Kraft in die Luft. Kuni hatte aus früherer Beobachtung gefolgert, was für Vögel gut zu sein schien, und wollte dem Star dazu verhelfen. Obwohl ihr das Prinzip Fliegen völlig fremd gewesen sein muss, hatte sie sich in den Vogel hineinversetzt.

[**Die Fähigkeit, zu fühlen, was andere fühlen,** bestimmt viele unserer Entscheidungen]

Der Mensch hat das Vermögen, sich in andere einzufühlen, in einzigartiger Weise weiterentwickelt (möglicherweise im Zusammenhang mit der Entwicklung von Sprache). Wir benutzen diese Fähigkeit so selbstverständlich, dass wir sie kaum bemerken: wenn wir einem Frierenden die Jacke reichen, wenn wir einen Verlierer trösten oder einen Sieger beglückwünschen, wenn wir für ein Eichhörnchen bremsen.

Die größere Neigung zur Anteilnahme bietet Menschen enorme Vorteile, weil sie den Zusammenhalt einer Gruppe stärkt und so die Kooperation und Überlebenschancen aller erhöht.

Denn ob bei der Kinderaufzucht, der Arbeitsteilung am Lagerplatz, nach Unfällen, in Krankheit oder der Konkurrenz mit Dritten: Stets ist der Mensch auf eine Gemeinschaft angewiesen, profitiert der Einzelne von der Gruppe. Der Mensch ist also zuerst und vor allem ein soziales Wesen.

Dennoch wurde der Altruismus, ein Handeln also, das nicht unmittelbar den egoistischen Zielen des Individuums, sondern dem Wohle anderer dient, von Forschern lange als (oft unterbewusste) Strategie interpretiert, um die eigene Reputation und damit den Status in der Gruppe zu steigern. Als getarnte Taktik zum Aufbau von Allianzen im Durchsetzungsstreben.

Doch die Vorstellung vom steten Kampf ums Dasein ließ manchen Wissenschaftler eine simple Wahrheit der Evolution übersehen: Sie belohnt nicht Härte, sondern Effizienz.

Der Einzelne mag seine Reproduktionschancen verbessern, indem er besonders egoistisch agiert (und anderen nur beisteht, wenn er sich davon indirekt Nutzen erhofft). Aber dem Fortbestand der Gruppe hilft es eben auch, wenn viele ihrer Mitglieder fürsorglich sind, wohlwollend, den anderen zugetan – und das ohne Hintersinn und versteckte Absichten, ohne Erwartung einer Gegenleistung, sondern aus ihrem spontanen Empfinden heraus. Es überleben nicht die Rücksichtslosesten, sondern die Fittesten.

So lässt sich erklären, dass es unter Menschen eine Art moralische Intui-

Zuhälter

Diese vier Männer aus Chicago präsentieren einen Luxus, für den sie über Jahre Frauen ausgebeutet haben

Gangmitglied

Alejandro Adorno gehört einer jener mehr als 250 Banden an, die in Los Angeles rauben, vergewaltigen und morden

Dealer

Tyrone Brooks verdient seinen Lebensunterhalt in Detroit, der ärmsten Großstadt der USA, mit dem Verkauf von Drogen

tion gibt, die nahezu universal gilt: Fast jeder von uns empfindet Stress und Entsetzen, wenn er einen anderen körperlich schädigt.

Fast überall auf der Erde gilt es zudem als verwerflich, zu betrügen oder zu stehlen. Kinder teilen im Experiment einen geschenkten Geldbetrag umstandslos mit anderen, und schon Anderthalbjährige helfen unaufgefordert Erwachsenen, etwa beim Öffnen einer Schranktür.

Und in nahezu jeder Kultur wird folgender Leitspruch geschätzt: Was du nicht willst, dass es dir geschieht, das füge auch deinem Nächsten nicht zu.

Und doch hat die Natur uns neben kooperativen und altruistischen Instinkten auch egoistische und aggressive Neigungen mitgegeben. Offenbar hatten im Verlauf der Evolution diejenigen Menschen tatsächlich einen gewissen Vorteil, die sich innerhalb einer Gruppe durchsetzen konnten. Die im Vergleich weniger Skrupel zeigten, die befähigt und bereit waren, hin und wieder geschickt zu lügen, andere zu ihrem Vorteil gegeneinander auszuspielen.

Gepaart mit egoistischem Antrieb, macht uns die Fähigkeit, uns in andere hineinzuversetzen, zu Meistern der Manipulation, des Bluffs und Betrugs.

d

Die Entwicklung zum Menschen hat also beides begünstigt: Miteinander und Gegeneinander.

So kommt es, dass wir die genetische Grundlage für beide Verhaltensweisen in uns tragen, in einer großen Bandbreite individueller Variationen.

Zudem hat die Evolution der Moral eine empfindliche Grenze gezogen: Unsere sozialen Instinkte gelten zunächst einmal der eigenen Gemeinschaft – der Familie oder der Gruppe, der wir uns zugehörig fühlen.

Auch das war einst im Sinne des Überlebens: Um den Fortbestand der eigenen Gruppe zu wahren, bedurfte es der Abgrenzung gegenüber anderen. Wer nicht zu ihrem Verband gehörte, dem begegneten die frühen Menschen wohl zwangsläufig mit Misstrauen und einem Gefühl des Bedrohtseins – statt mit Empathie und Hilfsbereitschaft.

Solche Rivalitäten brachten wiederum die soziale Moral innerhalb der Gruppe voran: Weniges fördert Kooperation und Zusammenhalt ähnlich effektiv wie ein gemeinsamer Gegner. *Homo sapiens*, unter allen Spezies die einfühlsamste, ist deshalb nach Meinung vieler Wissenschaftler von Natur aus ein Fremdenfeind.

Auch der heutige Mensch hat mithin ein ausgeprägtes Bedürfnis, sich mit einer Gruppe zu identifizieren – und sich zugleich von anderen abzugrenzen. Diesem Impuls folgen wir, wenn wir Nationalhymnen singen, einer Religionsgemeinschaft beitreten, uns zu einer Partei bekennen – oder zu einem Fußballverein.

Und offenbar sind wir in der Auswahl unserer Gemeinschaft oft willkürlich, geht es uns in vielen Fällen eher um das Gruppenerlebnis an sich.

Wie stark die Zugehörigkeit gleichwohl in uns wirkt, haben Sozialpsychologen bei etlichen Experimenten herausgefunden. Dafür ordneten sie Probanden nach dem Zufallsprinzip verschiedenen Gruppen zu und ließen sie Aufgaben lösen, belanglose Spiele ausführen, kleine Geldbeträge verteilen.

Dabei stellte sich heraus, dass Teilnehmer bei ihren Entscheidungen stets die Mitglieder der eigenen Gruppe bevorzugten – und schon bald begannen, die der anderen herabzusetzen, sie als weniger liebenswert, weniger vertrauenerweckend, weniger kompetent, als unfair zu empfinden.

Selbst wenn alle Probanden wussten, dass die Einteilung willkürlich war, kam es zu diesen Prozessen von Identifikation und Abgrenzung.

Eben weil *Homo sapiens* extrem gesellig ist, tun Menschen aus der Gemeinschaft heraus manchmal Dinge, die ihrer moralischen Intuition ebenso zuwiderlaufen wie geltenden Gesetzen – fühlen sich dabei aber moralisch gerechtfertigt, ja zu ihrem Entschluss verpflichtet.

Das klassische Beispiel einer solchen Gruppenmoral bietet die Mafia, eine verbrecherische Vereinigung, deren Mitglieder eigenen Regeln folgen wie dem berüchtigten Schweigegebot, striktem Gehorsam, unbedingter Loya-

[Der Mensch ist grundsätzlich frei, zwischen seinen Taten und Untaten zu wählen]

Vollstrecker

Charlie Jones, Justizbeamter aus Alabama, hat 18 Männer und eine Frau auf dem elektrischen Stuhl hingerichtet

lität. Die erbarmungslos, aber diszipliniert Gewalt gegen Außenstehende üben. Und die sich dabei als den „Normalmenschen" ethisch überlegene „Ehrenmänner" betrachten.

Religiöse und ideologische Fanatiker morden sogar ausdrücklich im Namen der Moral. Insbesondere wenn die Täter sich einbilden oder ihnen eingeredet wurde, dass die Existenz der eigenen Gruppe bedroht sei, fallen alle Hemmungen.

Familienbande

Barbara und Lorraine Whitaker aus West Virginia, hier mit einem Neffen, sind Kinder einer inzestuösen Verbindung

W

Wie aber kommt es nun im konkreten Einzelfall zur Entscheidung für den ethischen Impuls oder dagegen, wie kommt es zu moralischem oder amoralischem Verhalten?

Der vielleicht bedrückendste unter den vielen Faktoren, die dabei eine Rolle spielen: Destruktive Entscheidungen provozieren nicht selten weitere destruktive Handlungen. Einmal ausgeführt, kann der Entschluss, einen anderen zu schädigen, einen regelrechten Teufelskreis begründen. Die Tat ruft Vergeltung hervor, der Geschädigte sinnt nicht selten nach Rache. Und setzt seinerseits auf zerstörerische Energien.

Vielfach erweisen sich Menschen, die aggressive Entscheidungen treffen, teils gewalttätig sind, selbst als Opfer von Verletzungen – Demütigung und Kränkung –, häufig in der Kindheit.

Auf die eine oder andere Weise sind alle Menschen vorgeprägt – und doch bleiben sie nicht notwendig Gefangene ihrer Geschichte: Mal überwältigt simple Habgier anerzogene Rechtschaffenheit, in einem anderen Fall dagegen geht der Sohn eines Mafiabosses zur Polizei und sagt aus.

Indes lässt sich praktisch nicht abschätzen, wer ausbricht und wie, wer erlittenes Leid oder Unrecht auszugleichen vermag und wem das nicht gelingt. Es gibt Risikofaktoren. Aber für eine individuelle Prognose wirken biologische Anlage, prägendes Milieu und biografischer Zufall viel zu kompliziert ineinander.

Von wenigen pathologischen Ausnahmen abgesehen, ist der Mensch grundsätzlich frei, zwischen seinen Taten und Untaten zu wählen.

Über solche moralische Entscheidungen ist seit einiger Zeit bekannt, dass sie auch bei ausgeprägt rationalen Menschen zu einem nicht unerheblichen Teil Bauchentscheidungen sind.

Die für unsere Gefühle zuständigen Hirnareale sind dabei ebenso aktiv wie diejenigen, mit denen wir nüchtern kalkulieren, wägen. Emotionen und Intelligenz gehen Hand in Hand. Gerade auch in ethischen Fragen.

Kaum verwunderlich, dass wir von „moralischen Empfindungen" sprechen, wenn wir beurteilen, ob etwas gut oder schlecht ist, erstrebenswert oder verwerflich. Das Problem daran: Dieses Gespür ist naturgemäß sehr individuell – was dem einen widerstrebt, das empfindet der andere als gangbar.

Deshalb braucht es mehr als Emotionen, um in einer komplexen Welt Antworten auf die existenzielle Frage zu geben: Was ist gut und was schlecht? Und: Was soll ich tun und was nicht?

GUT ZU WISSEN

Evolution

Schon Kinder können sich in andere hineinversetzen und Ungerechtigkeiten erkennen. Dieses instinktive Moralempfinden war für unsere Vorfahren überlebenswichtig.

Sozialisation

Im Laufe des Lebens prägen sowohl angeborene Empathie als auch erlernte Wertvorstellungen, nach welchen Maßstäben wir handeln.

Ethik

Allzu starre Wertvorstellungen führen häufig zu Fehlentscheidungen.

Eine Lösung hat der preußische Philosoph Immanuel Kant schon vor mehr als 200 Jahren formuliert – und damit einen zeitlosen Vorschlag gemacht, auf den sich eine Moral gründen lässt, die das Horden- und Stammesdenken weit überschreitet und überall und für jeden gilt.

Der Mann aus Königsberg begriff die Vernunftbegabung als diejenige Eigenschaft, die alle Menschen teilen. Hieraus folgerte er zwei Maßgaben.

Die eine besagt, dass kein Mensch einen anderen (und ebenso sich selbst) allein als Mittel benutzen dürfe; vielmehr sei jeder Mensch als ein Wesen zu respektieren, das seinen eigenen Zweck in sich trägt.

Die andere lautet: Handele stets so, dass die Maxime deines Handelns als allgemein gültiges Gesetz dienen könnte. Wenn du stiehlst, musst du wollen, dass alle stehlen – auch von dir.

Dieser Gedanke wirkt sehr abstrakt. Kant sah darin aber die einzige Möglichkeit, eine universelle Moral zu entwickeln. Seither ist sein Ansatz immer neu kritisiert, fortentwickelt, erweitert worden.

Die Grundannahme dieser fortdauernden Debatten lautet: Eine allgemeine Moral für eine kooperierende Menschheit ist vernunftgemäß und möglich.

Konservative Denker, vor allem in den USA, haben dagegen eingewandt, das seien Träume, naiver Idealismus. Denn Immanuel Kant und seine Jünger würden die Natur des Menschen verkennen: Der sei und bleibe seines Nächsten Wolf.

Gewiss, kein anderes Tier quält und mordet seinesgleichen so wie der Mensch. Aber wir sind auch die einzige Spezies, die sich in einem solchen Ausmaß um Kranke und Bedürftige kümmert, Güter teilt, bewusst Nachteile in Kauf nimmt, um Fremden zu helfen – und sogar Verantwortung über die eigene Gattung hinaus empfinden kann.

Nicht zufällig fühlen sich viele von uns verpflichtet, in Notfallsituationen anderen beherzt zu Hilfe zu eilen, Benachteiligte zu unterstützen, selbstlos Zeit und Ressourcen für die gute Tat zu investieren.

Wir sind von Natur aus weder gut noch schlecht. Sondern in unseren Entscheidungen vor allem eines: frei. ◂

IMPRESSUM

Gruner + Jahr GmbH
Am Baumwall 11, 20459 Hamburg.
Postanschrift der Redaktion:
Brieffach 24, 20444 Hamburg,
Telefon 040/37 03-0, Telefax 040/37 03 56 48
Internet: www.geo-wissen.de

CHEFREDAKTEUR
Michael Schaper
STELLVERTRETENDE CHEFREDAKTEURE
Claus Peter Simon; Rainer Harf
ART DIRECTION
Torsten Laaker
TEXTREDAKTION
Bertram Weiß (Konzept dieser Ausgabe); Tilman Botzenhardt, Maria Kirady, Sebastian Witte
BILDREDAKTION
Ulrike Jürgens, Carolin Küst, Jochen Raiß
VERIFIKATION
Bettina Süssemilch; Regina Franke, Dr. Götz Froeschke, Susanne Gilges, Stefan Sedlmair
LAYOUT
Lena Uphoff
CHEF VOM DIENST/ SCHLUSSREDAKTION
Ralf Schulte; Mitarbeit: Ricarda Gerhardt
TECHNISCHER CHEF VOM DIENST
Rainer Droste
REDAKTIONSASSISTENZ
Ümmük Arslan; Anastasia Mattern, Thomas Rost
HONORARE/SPESEN
Angelika Györffy
GESCHÄFTSFÜHRENDE REDAKTEURIN
Maike Köhler
VERANTWORTLICH FÜR DEN REDAKTIONELLEN INHALT
Michael Schaper

PUBLISHER
Dr. Gerd Brüne, Frank Thomsen
EXECUTIVE DIRECTOR DIRECT SALES
Heiko Hager, G+J Media Sales
VERANTWORTLICH FÜR DEN ANZEIGENTEIL
Daniela Porrmann, Director Brand Solutions, G+J e|MS, Am Baumwall 11, 20459 Hamburg. Es gilt die jeweils aktuelle Preisliste. Infos hierzu unter: www.gujmedia.de
SALES DIRECTOR
Franziska Bauske, DPV Deutscher Pressevertrieb
MARKETING
Pascale Victoir
HERSTELLUNG
G+J Herstellung, Heiko Belitz (Ltg.), Oliver Fehling
Litho: 4mat Media, Hamburg
Druck: appl druck GmbH, Senefelderstraße 3–11, 86650 Wemding
BANKVERBINDUNG
Deutsche Bank AG Hamburg, IBAN DE30200700000032280000, BIC DEUTDEHH.
Heft-Preis: 10 Euro (mit DVD: 16,50 Euro), ISBN 978-3-652-00864-8 (978-3-652-00868-6)
ISSN 0933-9736

USA: GEO WISSEN is published by Gruner + Jahr GmbH. K.O.P.: German Language Pub., 153 S Dean St, Englewood NJ 07631. Periodicals Postage is paid at Paramus NJ 07652. Postmaster: Send address changes to GEO WISSEN, GLP, PO Box 9868, Englewood NJ 07631.
KANADA: Sunrise News, 47 Silver Shadow Path, Toronto, ON, M9C 4Y2, Tel.: +1 647-219-5205, E-Mail: sunriseorders@post.com.

GEO-LESERSERVICE

Fragen an die Redaktion
Tel.: 040/37 03 20 84 Fax: 040/37 03 56 48
E-Mail: briefe@geo.de

Abonnement- und Einzelheftbestellung
Online-Kundenservice: www.geo.de/kundenservice
Postanschrift: GEO WISSEN-Kundenservice, 20080 Hamburg
Tel.: 0049/40/55 55 89 90
Service-Zeiten: Mo–Fr 7.30–20 Uhr, Sa 9–14 Uhr.
Preis Jahresabonnement: 40,00 € (D), 45,60 € (A), 74,40 sfr (CH), Preise für weitere Länder auf Anfrage erhältlich.

Bestelladresse für GEO-Bücher, GEO-Kalender, Schuber etc.:
GEO-Versand-Service, 74569 Blaufelden
Tel.: 0049/40/42 23 64 27

BILDNACHWEIS/COPYRIGHT-VERMERKE

Anordnung im Layout: l. = links, r. = rechts, o. = oben, m. = Mitte, u. = unten

TITEL Folio Images/plainpicture
EDITORIAL Benne Ochs für GEO Wissen: 3 o.
INHALT siehe entsprechende Seiten
DIE ENTSCHEIDUNG MEINES LEBENS Anna Schroll für GEO WISSEN: 6/7, 22/23; Gordon Welters: 8/9; Andreas Reeg für GEO WISSEN: 10/11; Carsten Behler für GEO WISSEN: 12/13; Frank Bauer für GEO WISSEN: 14/15, 16/17; Tobias Gerber für GEO WISSEN: 18/19; Tine Casper: 20/21
GUT IST GUT GENUG Benne Ochs: 24–27
KOPF ODER BAUCH? Illustrationen: Julia Pfaller für GEO WISSEN: 28–35
DIE VIELEN STIMMEN IN UNS Cornelia Hediger: 36, 37
DIE SACHE MIT DER MORAL Mark Laita/Gallery Stock: 39–48
DIE MACHT DER VORURTEILE Bernd Jonkmanns für GEO WISSEN: 50–55
DER SECHSTE SINN Illustrationen: Jules Julien/Wildfox Running: 56–62
WIE ENTSTEHT NEUES? Alessandra Mannisi: 65–70
»WIR MÜSSEN LERNEN, UNSICHERHEIT ZU ERTRAGEN« Gordon Welters für GEO WISSEN: 72–76
EIN RAT, DER MIR GEHOLFEN HAT Gordon Welters für GEO WISSEN: 78/79; Enver Hirsch für GEO WISSEN: 80/81; Paula Markert für GEO WISSEN: 82/83; Daniel Pilar für GEO WISSEN: 84/85; Franziska Gilli für GEO WISSEN: 86/87, 88/89; Foto Hübner/dpa Picture-Alliance: 90/91
WIE PAARE SICH FINDEN Hayley Austin: 94–103
KAUF MICH! Giuseppe Pons: 104–109
DIE KUNST DER TÄUSCHUNG Bettmann/Getty Images: 112/113, 116; TEK IMAGE/Science Photo Library: 113 u., 115 o., 117; UIG/fotofinder.com: 114/115; Herbert Gehr/Getty Images: 118
SCHEITERN UND WAS SICH DARAUS LERNEN LÄSST Bridgeman Images: 120; Chris Willson/Alamy Stock Photo: 121; BMW Group Archiv: 122 (2); Motoring Picture Library/Alamy Stock Photo: 123; yson: 124; Science & Society/Interfoto: 125
DER MUTIGE SCHRITT INS UNGEWISSE Thekla Ehling: 126, 131; Lêmrich (Kiên Hoàng Lê, Alina Emrich): 127; Daniel Auf der Mauer: 128 l.; Paula Markert: 128/129; Hartmut Nägele: 130; Frank Bauer: 132
WARUM WIR ESSEN, WAS WIR ESSEN Jens Müller/plainpicture: 134 l.; Sara Remington/Stocksy: 134 r.; Getty Images: 135 o., 135 u. l.; Eric Raptosh/plainpicture: 135 u. r.; Trinette Reed/Stocksy: 136/137; Courtney Rust/Stocksy: 138 m. l.; Milles Studio/Stocksy: 138 r.; Lisa Krechting/plainpicture: 138 u. l.; Willing-Holtz/plainpicture: 139 o.; Treasures & Travels/Stocksy: 139 u.; Nanine Renninger/plainpicture: 140 o.; Davide Illini/Stocksy: 140 u.
FACHGEBIET LEBENSHILFE Gordon Welters für GEO WISSEN: 144–146

Nutzen

Vorurteile können helfen, die Welt zu ordnen, sagt Juliane Degner. Doch wichtig ist: Wir müssen uns über unsere eigene Kurzsichtigkeit im Klaren sein

• stereotype •

Die Macht der Vorurteile

INTERVIEW:

Tilman **Botzenhardt** und Nele **Höfler**

FOTOS:

Bernd **Jonkmanns** *exklusiv für* GEO WISSEN

Menschen sind Meister im Schubladendenken – und daher oft nicht fähig, faire Entscheidungen zu treffen. Die Sozialpsychologin Juliane Degner erklärt, wie Stereotype unser Zusammenleben bestimmen. Und wie wir ihren Einfluss begrenzen können

GEO WISSEN: *Frau Professorin Degner, wir alle wollen vorurteilsfrei entscheiden. Können wir das überhaupt?*

PROF. JULIANE DEGNER: Nein, denn das würde heißen, dass unser Gehirn in einer grundlegenden Funktion versagt.

Wann immer wir eine Entscheidung treffen, stellt es uns nämlich Vorwissen und Assoziationen zur Verfügung – und zumeist, ohne dass wir dies bewusst wahrnehmen. Ob dieses Wissen korrekt ist oder falsch, ob es etwa auf fast alle Mitglieder einer Gruppe zutrifft oder nur auf sehr wenige, spielt dabei keine Rolle: Wir können gar nicht anders, als es für unser Handeln zu nutzen. Und meist profitieren wir ja auch von diesem Mechanismus.

Inwiefern?

Dieser Mechanismus des Gehirns erlaubt uns, extrem komplexe Information sehr schnell zu verarbeiten. Wenn ich zum Beispiel eine junge Frau sehe, habe ich sofort zwei gelernte Kategorien im Kopf: „Frau" und „jung". Und damit verbunden greift mein Gehirn auf Vorwissen zu, welches Verhalten ich von einer jungen Frau in dieser Situation erwarten kann. Auf der Grundlage solcher Stereotype kann ich sofort handeln – und muss nicht warten, bis mir weitere Informationen über die konkrete Person bekannt sind.

Es ist für solche automatischen Prozesse häufig unerheblich, was ich persönlich von diesen Stereotypen halte: Selbst, wenn ich nicht zustimme, werden sie oft trotzdem automatisch aktiviert.

Wie entstehen solche Stereotype?

Sie bilden sich heraus, weil unser Gehirn die Umwelt fortwährend nach Regelmäßigkeiten und Zusammenhängen durchsucht: Welche unterschiedlichen Gruppen gibt es? Welche Eigenschaften haben sie? Wie handeln die Mitglieder dieser Gruppen – und wie gehen andere mit ihnen um?

Schon Kleinkinder bilden Kategorien, wenn sie Tiere von Menschen zu unterscheiden lernen oder Männer von Frauen. Wir nutzen diese Stereotype, um Vorhersagen darüber zu treffen, wie sich andere benehmen und wie wir uns ihnen gegenüber verhalten sollen. Wir speisen diese inneren Bilder aus allen verfügbaren Quellen: dem Verhalten unserer Mitmenschen, den Aussagen von Freunden, Lehrern und der Familie oder Informationen aus Medien.

Weshalb richten sich Vorurteile oft gegen Unbekannte oder Fremde?

Menschen fühlen sich dann wohl, wenn ihre Normen und Werte nicht infrage gestellt werden. Daher haben sie grundsätzlich eine Tendenz, die eigene soziale Gruppe anderen Gruppen vorzuziehen: Hier spüren sie Bestätigung, das schafft Selbstsicherheit. Nehmen sie jemanden als sehr anders wahr, etwa einen Mann, der stets Frauenkleider trägt, dann stellt das die Normen, die eigene Lebensweise infrage – und das verunsichert. Das gilt umso mehr, wenn diese Menschen das Fremde zudem als bedrohlich empfinden.

Prof. Dr. Juliane Degner

Die Sozialpsychologin, Jg. 1977, lehrt an der Universität Hamburg. Sie erforscht seit vielen Jahren, wie sich Vorurteile entwickeln und was sie bewirken.

Das Gehirn verbindet dann die negativen Gefühle von Angst und Unsicherheit mit der fremden Gruppe. Und sucht nach Gründen, mit denen sich diese Gefühle rechtfertigen lassen: zum Beispiel, dass bestimmte Gruppen häufiger kriminell seien.

Und einmal etabliert, sind diese Überzeugungen erstaunlich hartnäckig. Wir misstrauen Informationen, die nicht zu ihnen passen. Und selbst wenn unsere Erfahrungen einem Vorurteil widersprechen, betrachten wir sie meist als Ausnahmen und ändern die generelle Überzeugung nicht. Halte ich Männer im Haushalt für faul, wird es mir schwerfallen, überhaupt zu erkennen, wenn mein Lebenspartner die gleiche Menge an Hausarbeit erledigt wie ich. Und selbst wenn ich es erkenne, stelle ich nicht mein allgemeines Bild infrage, sondern urteile eher: Für einen Mann ist er erstaunlich engagiert – da habe ich wohl eine Ausnahme erwischt.

Gibt es bestimmte Eigenschaften, die einen besonders anfällig für Vorurteile machen?

Psychologische Studien zeigen drei Merkmale, die bei Menschen mit Vorurteilen zu beobachten sind:

- eine geringe Offenheit für neue Erfahrungen,
- eine schwach ausgeprägte soziale Verträglichkeit,
- eine eher niedrige Bildung und Intelligenz.

Dabei gilt es jedoch zu beachten, dass diese Zusammenhänge nicht die ausschließlichen Ursachen von Intoleranz sind. Auch messen diese Studien meist ganz bestimmte Vorurteile – etwa sexistische, rassistische oder homophobe Einstellungen. Untersuchen Forschende dagegen Vorurteile etwa gegen Konservative, Angehörige des Militärs oder gegen Manager, dreht sich etwa der Zusammenhang mit der Intelligenz um.

Auch gebildete Menschen haben also Vorurteile - sie richten sich aber gegen andere Gruppen?

Ja, und zwar entsprechend ihren Normen und Werten. Es passt durchaus ins Bild, dass Forschende – also Akademiker – oft jene Ressentiments

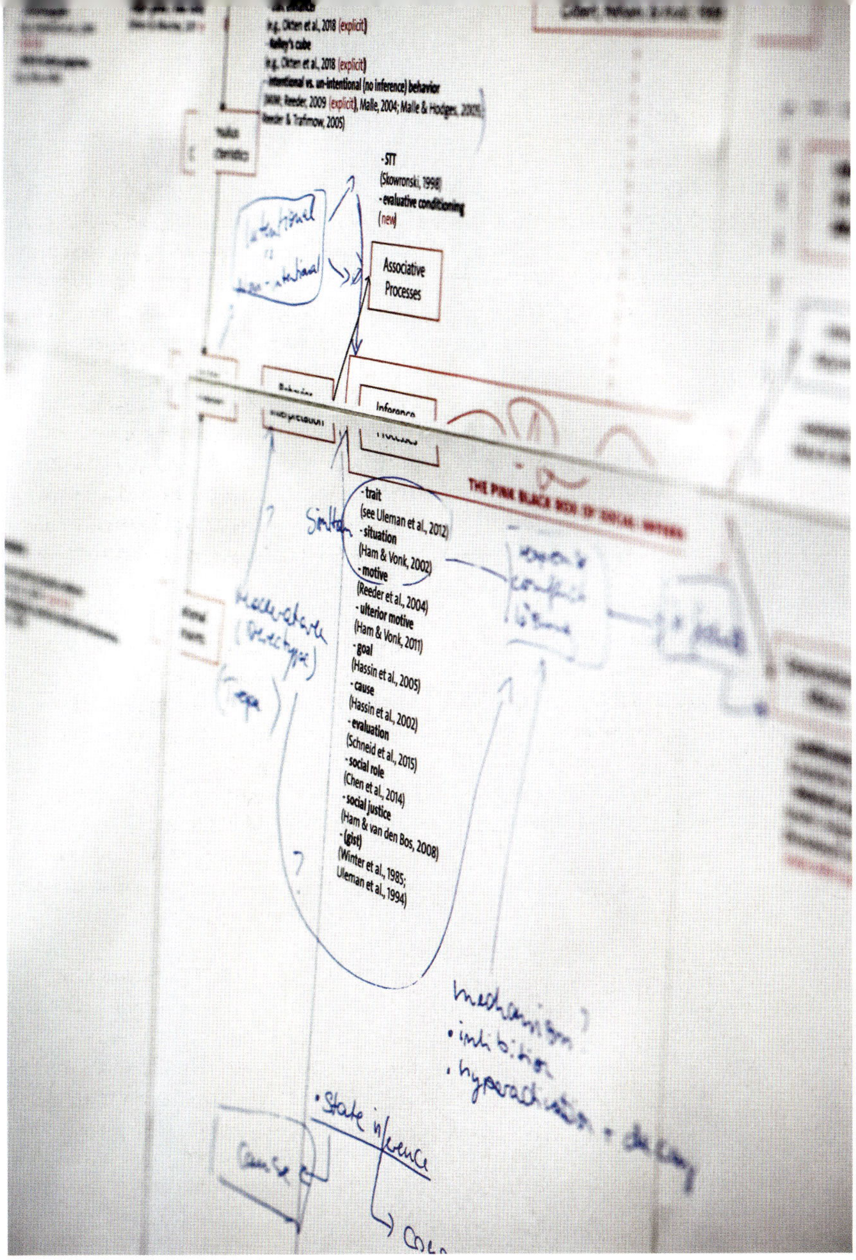

untersuchen, die eher bei niedrig gebildeten Menschen vorherrschen: Denn Vorurteile entdecken wir gern bei anderen Gruppen, während wir unsere eigenen Ansichten meist für aufgeklärt und gerechtfertigt halten. Auch gebildete Menschen bestätigen sich häufig in ihren Überzeugungen – und sind dann ebenso anfällig dafür, das eigene Urteil nicht zu hinterfragen.

Die meisten Menschen bemühen sich doch darum, sich nicht von Vorurteilen leiten zu lassen.

Das entspricht ja auch unseren moralischen Überzeugungen: Wir halten es für falsch, Individuen nur aufgrund ihrer Gruppenzugehörigkeit unterschiedlich zu behandeln. Dass wir solche Normen befürworten, schützt uns aber nicht davor, dass auch unsere Entscheidungen unterschwellig von Vorurteilen geprägt werden. Das lässt sich gut am Arbeitsmarkt illustrieren. Die meisten Personalchefs versuchen, Bewerbungen nicht von Vorurteilen beeinflussen zu lassen. Und doch zeigen Studien, dass Bewerbungen schlechtere Chancen haben, wenn die betreffende Person einen ausländisch klingenden Namen oder dunkle Hautfarbe hat.

Objektivität

Wir sind nicht fähig, andere Menschen vorurteilsfrei zu betrachten, sagt Juliane Degner. Faire Entscheidungen erfordern daher strukturierte Verfahren mit präzisen Kriterien

Treffen wir schlechtere Entscheidungen, wenn wir uns von Vorurteilen leiten lassen?

Jedenfalls beschneiden wir unsere Möglichkeiten, wenn wir etwa als Arbeitgeber Bewerber aufgrund solcher Einstellungen nicht berücksichtigen. Für den Handelnden hat das aber oft keine unmittelbaren negativen Konsequenzen: Die spüren eher jene, gegen die sich ein Vorurteil richtet. Es ist schwer zu belegen, dass ein Unternehmen von einem besonders fairen Bewerbungsverfahren im Einzelfall tatsächlich profitiert.

Studien zeigen zwar, dass eine hohe Diversität in der Belegschaft Innovation und Produktivität begünstigt. Aber wer in einem weniger diversen Team arbeitet, spürt ja nicht, dass er diesen Nutzen womöglich verpasst. Zudem hat Diversität durchaus nicht nur Vorzüge: Sie erfordert von Teams, Andersartigkeit zu akzeptieren und Unsicherheit zu ertragen – das ist im Alltag oft anstrengend, es fällt Menschen einfach schwer.

Werden intuitiv getroffene Entscheidungen häufiger von Vorurteilen gesteuert?

Wenn ich aus dem Bauch heraus entscheide, spielt assoziatives, unbewusstes Wissen in der Tat meist eine stärkere Rolle.

Wenn ich in Kindheit und Jugend gelernt habe, Frauen mit emotionaler Wärme zu verbinden und Männer mit Kompetenz, dann beeinflusst das mein intuitives Urteil auf subtile Weise: Zeigt etwa eine Frau in einer Führungsposition Durchsetzungsvermögen, werde ich sie als eher kalt beurteilen – und zwar nur deshalb, weil sie nicht wie erwartet emotional wärmer als ein Mann in der gleichen Rolle agiert.

Und dieses Urteil wirkt sich auch dann aus, wenn jemand etwa die Leistung dieser Frau als Führungskraft objektiv bewerten soll: Ihr wird dann viel eher übertriebene Strenge oder brüskes Verhalten zugeschrieben, weil der Urteilende unterbewusst einen anderen Maßstab an ihr Verhalten anlegt.

Das Vorurteil verändert also unsere Wahrnehmung.

Ja. Ein weiteres Beispiel dafür sind Wutanfälle in der Öffentlichkeit: Bei

Männern wird so ein unangemessenes Verhalten häufig äußeren Umständen zugeschrieben, etwa der Belastung durch hohen Stress.

Bei Frauen wird das gleiche Verhalten dagegen eher als Charakterfehler wahrgenommen – wir erwarten von ihnen ein emotional sanfteres Wesen. Und sind verunsichert, wenn sie dieser Erwartung nicht entsprechen. Nicht selten verändern Vorurteile sogar das Verhalten derjenigen Personen, gegen die sie sich richten.

Dazu kommt es beispielsweise dann, wenn eine Person sich mit dem Vorurteilsträger vertragen will oder von ihm abhängig ist. Es gibt eine Studie, für die Frauen ein Bewerbungsgespräch führen sollten und vorab den Hinweis bekamen, dass ihr männlicher Interviewer ein wenig sexistisch denke. Im Gespräch passten die meisten Probandinnen ihr Verhalten dann diesen Erwartungen an: Sie präsentierten sich eher harmlos und mädchenhaft als kompetent und stark.

Und bestätigten damit das Vorurteil des Interviewers.

Solche Stereotype ändern oft sogar das Denken der Betroffenen selbst. Ein Beispiel ist die verbreitete Annahme, dass Männer besser rechnen können als Frauen. Solche Vorurteile haben auch Frauen verinnerlicht – so weit, dass sie in einigen Studien bei Mathe-Tests schlechtere Leistungen erbringen, wenn sie erfahren, dass ein Test geschlechtsspezifische Aufgaben enthält: Schon der Hinweis auf das Geschlecht beeinflusst scheinbar die Leistung.

Als Konsequenz ziehen sich die Betroffenen letztlich oft zurück: Wenn Frauen immer wieder hören, dass Männer besser mathematisch denken können, dann fallen ihnen eigene Fehler auf dem Gebiet stärker auf.

Und dann studieren sie eben keine Mathematik, weil ihnen andere Fächer geeigneter erscheinen.

Können wir uns fremde Vorurteile auch zunutze machen?

Natürlich. Wenn ich als Frau ein technisches Problem habe – wenn etwa ein Drucker nicht funktioniert –, kann ich mir selbst die Mühe machen, ihn zu reparieren. Oder ich stelle mein Unwissen heraus und bitte einen Techniker um Hilfe – als Frau stoße ich da meist auf großes Verständnis.

> ***»Menschen tendieren dazu, die eigene soziale Gruppe anderen vorzuziehen«***

Grundsätzlich finde ich es völlig legitim, auch mal von einem Stereotyp zu profitieren, das einem sonst nur schadet. Aber solch ein Verhalten trägt auch dazu bei, das Vorurteil zu festigen.

Ähnlich zweischneidig ist es, Vorurteile anderer heranzuziehen, um den eigenen Selbstwert zu schützen.

Was meinen Sie?

Wenn ich mich als Frau zum Beispiel vergebens auf eine Stelle beworben habe, kann ich vermuten, dass andere Personen besser qualifiziert waren – oder ich kann mir sagen: Der Arbeitgeber hat Vorurteile, der will gar keine Frau. So eine Annahme stellt meinen Selbstwert zunächst weniger infrage. Langfristig hat dieses Denkmuster aber einen großen Nachteil: Es lähmt uns.

Wenn ich abgelehnt werde, weil mir eine Qualifikation fehlt – dann kann ich mich entsprechend weiterbilden. Wenn ich aber überzeugt bin, dass ich als Frau nie eine Chance bekomme, bleiben mir als Optionen nur der Rückzug oder die Aggression.

Wir sollten uns klar machen, dass Personen benachteiligter Gruppen ständig mit solchen Mehrdeutigkeiten konfrontiert sind und daher oft nicht genau beurteilen können, welche Handlungsspielräume sie haben. Es kostet die Betroffenen enorm viel Zeit und Energie, damit umzugehen.

Wenn ich diese Mechanismen kenne: Wie gelingt es mir dann, meine Entscheidungen von Vorurteilen frei zu halten?

Es wäre schön, wenn wir dafür eine Art geistigen Alarm antrainieren könnten. Aber so funktioniert unser Gehirn nicht, es aktiviert zwangsläufig unsere inneren Bilder: Um unser Denken dagegen zu immunisieren, müssten wir alles vergessen, was wir an Assoziationen, Einstellungen und Wertungen aus der Gesellschaft aufgenommen haben.

Wahrscheinlicher aber ist das Gegenteil: dass man nicht eines der Stereotype, die man entwickelt hat, wirklich vollständig abbauen kann.

Selbst wenn wir wissen, dass unsere Entscheidung von Vorurteilen beeinflusst wird, ist es unendlich schwer zu bewerten, wie stark und in welche Richtung. Wenn ich etwa ahne, dass ich die Leistung eines mir sympathischen Studierenden tendenziell freundlicher benote – wie viel schlechter soll ich ihn dann im Sinne der Fairness bewerten?

Aus diesem Dilemma gibt es nur einen Ausweg: Wenn wir eine Entscheidung vorurteilsfrei treffen wollen, müssen wir den Einfluss des handelnden Individuums auf diesen Entschluss so gut wie möglich reduzieren.

Wie können wir das gewährleisten?

Durch strukturierte Entscheidungsverfahren, die auf möglichst präzisen formalen Kriterien fußen. Wer die Eigenschaften, die eine neue Mitarbeiterin oder ein Wohnungsbewerber haben soll, im Voraus detailliert festschreibt, kann objektiv prüfen, welche Person diese Kriterien am besten erfüllt.

Im Idealfall werden soziale Gruppeninformationen dabei geschwärzt oder ausgelassen – etwa ein Bewerbungsfoto, der Name, das Alter, Geschlecht oder die Herkunft. Studien zeigen, dass Personen, die sonst oft schlechtere Chancen haben, unter solchen Bedingungen viel eher zu Vorstellungsgesprächen eingeladen werden. So erhalten sie größere Chancen, ihr Können unter Beweis zu stellen.

und Handlungen immer von Stereotypen geprägt sind. Und andererseits versuchen zu verstehen, wann und warum sich andere Menschen von unserem Handeln verletzt oder benachteiligt fühlen – ohne unser Verhalten sogleich innerlich zu rechtfertigen.

Schwinden Vorurteile nicht oft, wenn sich Menschen besser kennenlernen?

Kontakt kann tatsächlich helfen, Ängste und Vorbehalte abzubauen. Aber das geschieht nicht immer von selbst, nur weil Menschen in der gleichen Stadt leben oder gemeinsam ein Fest veranstalten.

Wenn Gruppen starke Vorurteile gegeneinander hegen, etwa nach einem Konflikt, hilft gegenseitiger Kontakt nur unter bestimmten Bedingungen: Er muss von beiden Seiten gewollt sein, die Gruppen müssen gleichberechtigt sein, sie müssen gemeinsam handeln und dabei idealerweise ein gemeinsames Ziel verfolgen, das nur unter Mitwirkung der jeweils anderen Gruppe erreicht werden kann. Solche Bedingungen sind künstlich nur schwer herzustellen.

Die Erfahrung zeigt aber, dass viele Personalverantwortliche auf solche Informationen nicht verzichten wollen. Auch das belegt, für wie wichtig wir Informationen über Gruppenzugehörigkeiten für die Einschätzung anderer Menschen halten.

Könnten Algorithmen solche Entscheidungen in Zukunft fairer treffen als Menschen?

Technisch wäre das prinzipiell vorstellbar. Aber Algorithmen können nur so gut sein wie die Daten, aus denen sie lernen. Füttern Sie beispielsweise einen Algorithmus mit den Eigenschaften der 10 000 erfolgreichsten Manager als Grundlage, wird diese Gruppe anfangs vor allem aus Männern bestehen – und der Algorithmus wird lernen, dass es einen Zusammenhang gibt zwischen dem Geschlecht und guten Leistungen von Führungskräften. Wir müssten den Algorithmus also mithilfe von fairen Informationen trainieren. Aber diese Daten wählen Menschen aus – und das sicher nicht vorurteilsfrei.

Klischeedenken

Vorurteile sind oft überaus langlebig, so Juliane Degner. Haben wir sie erst einmal verinnerlicht, können wir sie fast nie wieder vollständig abbauen

Formale Entscheidungsverfahren eignen sich für Gesetzesvorhaben oder Stellenausschreibungen. Lässt sich das Vorgehen auch für alltägliche Entscheidungen nutzen?

Das wird kaum gelingen. Wenn uns in einer dunklen Unterführung eine fremde Person entgegenkommt, können wir nicht erst einen Kriterienkatalog dafür entwickeln, welche inneren Bilder für unser Verhalten entscheidend sein sollen. Dafür müssten wir uns derart stark kontrollieren, dass wir fast handlungsunfähig wären.

Um das Wirken von Vorurteilen im Alltag einzuschränken, können wir allenfalls unsere Offenheit stärken. Dafür müssen wir uns einerseits eingestehen, dass auch unsere eigenen Urteile

Was kann man noch tun, um Vorurteile zu überwinden?

Als Gesellschaft können wir Fortschritte vor allem dann erzielen, wenn wir sichtbare Unterschiede zwischen Gruppen einebnen. Wenn mein vierjähriger Sohn nicht immer nur männliche Busfahrer sieht, sondern eben auch Frauen, wird sich ihm gar nicht die Frage stellen, ob Männer womöglich die besseren Busfahrer sind.

Je mehr es uns gelingt, Chancengleichheit zu schaffen, Diversität sichtbar zu machen und Statusunterschiede zwischen sozialen Gruppen auszugleichen, desto eher können nachfolgende Generationen langfristig fairer werden.

Dennoch werden wir Vorurteile nie völlig aus der Welt schaffen. Die kleinen Alltagsdiskriminierungen, die sich in nonverbalem Verhalten oder in dummen Fragen äußern, lassen sich nicht völlig beherrschen.

Ich forsche seit über 15 Jahren zu Vorurteilen – und ertappe mich leider noch immer dabei, wie ich mein Verhalten gegenüber anderen von ihrem Geschlecht oder anderen Gruppenzugehörigkeiten leiten lasse. ◂

TEXT:

Ute **Eberle**

•

ILLUSTRATIONEN:

Jules **Julien**

der sechste sinn

UNBEWUSST

Die Intuition steuert uns oft durch den Alltag, ohne dass wir uns das klarmachen

Gefährliche Situationen sekundenschnell richtig einschätzen, verborgene Zusammenhänge erkennen. Oder handeln, ohne über jeden einzelnen Schritt nachzudenken: Weshalb gelingt dies manchen Menschen sehr viel häufiger als anderen? Und lässt sich Intuition womöglich erlernen?

EINGEBUNG

Manchen Menschen erscheint es so, als würden unsichtbare Hände sie lenken – und das Richtige tun lassen

Ein italienischer Kunsthändler bietet einem Museum in Los Angeles für zehn Millionen Dollar eine antike Marmorstatue zum Kauf an. Es handelt sich um einen beinahe perfekt erhaltenen nackten Jüngling, einen sogenannten Kouros aus dem Griechenland des sechsten vorchristlichen Jahrhunderts, gut 2,10 Meter hoch. Weltweit existieren nur rund 200 dieser Plastiken – die meisten stark beschädigt oder gar nur in Bruchstücken vorhanden.

Die Kuratoren des Museums sind gleichsam elektrisiert. Wie bei Funden dieser Art üblich, lassen sie die Statue akribischen Tests unterziehen. Unter anderem analysiert ein renommierter Geologe mit Hightech-Geräten die Herkunft des Marmors und kommt zu dem Schluss, dass das Material aus einem antiken Bergwerk auf der Insel Thasos in der nördlichen Ägäis stammt. Zudem ist die Oberfläche des Jünglings mit einer feinen Kalzitschicht überzogen – wie es sein sollte, wenn Marmor über Jahrhunderte altert.

Nach 14-monatiger Untersuchung sind die Wissenschaftler des Museums sicher: Die Statue ist echt; der Kouros wird ausgestellt. Doch als ein Mitarbeiter der Athener Archäologischen Gesellschaft die Statue das erste Mal sieht, spürt er eine „Abneigung" – so als würde ihn und das Werk „eine unsichtbare Wand trennen", erinnert er sich später.

Auch andere Kunstkenner empfinden Unbehagen, ohne den Grund genau nennen zu können. Einen Experten irritieren die steinernen Fingernägel; auf einen anderen wirkt die angeblich 2500 Jahre alte Plastik „frisch".

Zu Recht: Nach und nach zerfallen die Belege der Museumswissenschaftler, mit großer Wahrscheinlichkeit handelt es sich bei dem Kouros um eine moderne Fälschung aus einer römischen Werkstatt. Die unwillkürlichen Eingebungen der Kunstkenner waren treffsicherer als sämtliche Labortests.

EIN BAUCHGEFÜHL, eine spontane Empfindung: Jeder von uns kennt solche Situationen. Es sind Momente, in denen wir uns festlegen, ohne dass uns die zugrunde liegenden Zusammenhänge kognitiv bewusst sind.

Wir nennen das: Intuition.

Ein U-Bahn-Fahrgast will in einen Wagen einsteigen, hat aber ein ungutes Gefühl und wählt einen anderen – kurz

Oder der Polizist, der den US-Serienmörder Ted Bundy verhaftete: Er habe dessen Fahrzeug einzig aufgrund eines „schlechten Gefühls" durchsucht und dabei eine Skimaske, Seile und ein Brecheisen entdeckt. Daraufhin wurde Bundy festgenommen.

Intuition ist in fast allen Lebenssituationen wichtig, selbst wenn es um bahnbrechende Erkenntnisse der Menschheit geht: So erklärten 72 von 83 Nobelpreisträgern, Eingebungen hätten ihnen zum Erfolg verholfen.

„Es gab Zeiten, da fühlte es sich an, als lenke uns eine Hand", sagte Michael Brown, Nobelpreisträger für seine Erkenntnisse über die Regulierung des Cholesterin-Stoffwechsels: „Wir arbeiteten uns Schritt für Schritt voran, und irgendwie wussten wir, welches die richtige Richtung war. Und ich könnte nicht sagen, wie."

Fast magisch wirkt so etwas, nahezu unerklärlich. Bauchgefühle kommen wie aus dem Nichts. Wir können sie nicht willentlich entstehen lassen, aber auch nicht verhindern.

Aus diesem Grund ist vielen die Intuition mitunter unheimlich: vor allem jenen Menschen, die sich für sehr rational halten – obwohl auch sie oft ihrem Bauchgefühl folgen.

Das jedenfalls hat der Psychologe Gerd Gigerenzer beobachtet, Direktor am Berliner Max-Planck-Institut für Bildungsforschung. Manager träfen jeden zweiten ihrer wichtigen beruflichen Beschlüsse intuitiv, so Gigerenzer, – „und anschließend wird ein Angestellter zwei Wochen lang beschäftigt, dazu rationale Gründe zu suchen".

Die Intuition kann in nahezu allen Bereichen des Lebens wichtige Weichen stellen.

Menschen folgen ihrem Bauchgefühl, wenn sie sich für ein bestimmtes Studienfach einschreiben, wenn sie sich um einen Job bewerben, wenn sie sich für den Erwerb einer Immobilie entscheiden – und oft auch, wenn sie einen

darauf bricht in dem ersten Waggon eine Schlägerei aus.

Ein Vorgesetzter stellt einen bestimmten Bewerber ein, weil er ihm besonders geeignet erscheint – dabei wirken andere nach ihrem Lebenslauf ebenso gut qualifiziert.

Das »Bauchgefühl« beruht meist auf **kaum wahrnehmbaren Hinweisen**

Die Intuition kann in nahezu allen Bereichen des Lebens wichtige Weichen stellen

anderen Menschen kennenlernen – und ihn als Partner in Betracht ziehen.

Doch wie entsteht Intuition? In welchen Situationen kann man ihr folgen? Und gibt es Menschen, die intuitiver sind als andere? Um diese Fragen zu beantworten, versuchen Forscher seit einiger Zeit, das Wesen des Bauchgefühls genauer zu ergründen.

US-Militärs testeten beispielsweise 800 Soldaten, um herauszufinden, weshalb manche von ihnen besonders erfolgreich darin sind, Sprengfallen aufzuspüren. Einer der Probanden war Sergeant Edward Tierney, der im Irak auf Patrouille war, als sein Trupp an einem geparkten Auto vorbeikam, in dem zwei kleine Jungen saßen.

Ein Soldat wollte den Kindern Wasser bringen, doch Tierney ahnte Unheil. Sein Körper, so erzählte er später, kühlte ab, er empfand ein Gefühl der Bedrohung. Gewarnt von seinem Schauder, rief er seinen Kameraden zurück. Kurz darauf explodierte das Auto.

Die Forscher untersuchten die Persönlichkeit dieser Soldaten: Sie maßen Eigenschaften wie Wachsamkeit, Gedächtnis sowie Sehschärfe. Zudem verglichen sie, wie schnell und präzise sie Bombenattrappen in Fotos, Filmen und nachgebauten Straßenzügen fanden.

Das Ergebnis: Konzentrations- und gute Sehfähigkeit sind bei der Suche nach Sprengfallen wichtig – darüber hinaus aber kam es offenbar darauf an, welche Erfahrungen die Probanden aus dem Zivilleben mitbrachten. So wurden versteckte Bomben besonders oft von Soldaten entdeckt, die in der Freizeit viel auf die Jagd gingen oder in Stadtteilen mit hoher Bandenkriminalität aufgewachsen waren.

Die Untersuchungen legen einen Schluss nahe: Intuition ist kein angeborenes Wesensmerkmal; vielmehr erwächst sie aus gemachten Erfahrungen.

Eine wichtige Rolle spielt dabei das Unbewusste – jener Teil der Psyche, den Sigmund Freud, der Begründer der Psychoanalyse, einst für den Sitz aller Triebe und Begierden hielt. Forscher haben herausgefunden, dass das Unbewusste aber noch weitaus mehr ist: ein mächtiges System, das einen immensen Schatz an Erfahrungen speichert und zudem permanent sondiert, was genau um uns herum geschieht.

Davon ist uns in der Regel nur wenig gegenwärtig. Denn das Unbewusste steuert uns wie ein Autopilot durch weite Teile des Lebens. Wissenschaftler schätzen, dass jede Sekunde elf Millionen Sinneseindrücke auf uns einstürmen – Lichtwellen im Auge, Schallwellen im Ohr, Reize auf der Haut, Signale von unseren Organen.

Unser Bewusstsein kann aber nur maximal 60 Sinneseindrücke pro Sekunde aufnehmen. Den überwältigenden Rest erledigt das Unbewusste.

Wie weit dessen Einfluss reicht, demonstriert ein Phänomen, das Ärzte „blindes Sehen" nennen. Es lässt sich bei Menschen beobachten, deren Sehzentrum durch einen Schlaganfall zerstört wurde. Das heißt: Die Augen sind gesund, die Bilder werden auch ins Gehirn weitergeleitet – die visuellen Reize dort aber nicht verarbeitet. Das Bewusstsein kann daher die Bilder nicht wahrnehmen, der Betroffene fühlt sich blind.

In den Niederlanden wagten Forscher mit einem dieser Patienten ein Experiment: Obwohl der Mann die Sehfähigkeit verloren hatte und einen Blindenstock benötigte, sollte er ohne Hilfsmittel durch einen Flur gehen. Zusätzlich hatten die Forscher Kartons und andere Hindernisse aufgestellt. Und doch gelang es dem Mann auf wundersame Weise allen Stolperfallen auszuweichen: blind und irgendwie doch sehend.

Offenbar gelangten die visuellen Informationen durchaus in das Gehirn des Patienten – sie waren ihm nur nicht bewusst. Über scheinbar unerklärliche Impulse, die ihn veranlassten, seine Gehrichtung zu ändern, lenkte ihn das Unbewusste durch den Flur.

Dass Gesunde ebenfalls viel mehr aufnehmen, als sie ahnen, stellten Forscher in London bei einem anderen Experiment fest: Sie zeigten Probanden ein Symbol, das sie anschließend auf einem von zwei Bildschirmen wiederfinden sollten. Auf jedem der Monitore wimmelten allerdings über 300 weitere ähnliche Zeichen.

Die Versuchspersonen hatten zudem nur einen Sekundenbruchteil Zeit, um zu entscheiden, ob sich das gesuchte Symbol auf dem rechten oder dem linken Monitor befand: viel zu kurz also, um bewusst suchen zu können.

Sie sollten einfach „raten", sagte man ihnen. 95 Prozent der Probanden benannten dann den richtigen Monitor – offenbar hatte ihr Unbewusstes das Symbol bereits wahrgenommen.

INTUITIONEN SIND demnach so etwas wie Entscheidungen, die in unserem Unbewussten getroffen werden. Doch weil uns die Beweggründe, auf denen sie basieren, nicht rational zugänglich sind, wirken sie oft wie Hellseherei.

Wie im Fall des Rennfahrers Juan Manuel Fangio bei einem Grand Prix von Monaco: Es läuft die zweite Runde, und Fangio taucht aus einem Tunnel auf. Vor ihm liegt eine Gerade, ideal, um Vollgas zu geben. Doch er bremst. Weshalb, das weiß er in dem Moment selber nicht. Aber die Entscheidung erweist sich als großes Glück.

Denn als er um die nächste Kurve biegt, fährt er plötzlich auf mehrere ineinander verkeilte Rennwagen zu. Dank seines geringen Tempos gelingt es ihm,

Ute **Eberle**

Die in Baltimore, USA, lebende Wissenschaftsautorin schreibt regelmäßig für GEO WISSEN.

Jules **Julien**

Der französische Künstler ist für seine minimalistischen Illustrationen bekannt.

EMOTIONEN

Sie kommen wie aus dem Nichts: Bauchgefühle können wir nicht willentlich hervorrufen, aber auch nicht verhindern

auszuweichen. Andere Fahrer hinter ihm rasen direkt in die Unfallstelle.

Erst nach langem Überlegen ging dem Argentinier auf, was ihn gewarnt hatte. Kommt ein Wagen aus dem Tunnel, blicken ihm die meisten Zuschauer gewöhnlich entgegen – ihre hellen Gesichter prägen dann die Kulisse. In dieser Runde jedoch drehten die Menschen am Ende der Geraden Fangio ihre dunkleren Hinterköpfe zu, weil sie in Richtung des Unfalls schauten.

Gänzlich unbewusst registrierte der Rennfahrer also die winzige Veränderung, erkannte sie als Abweichung von einem bekannten Muster, interpretierte sie augenblicklich als Gefahrensignal. Und bremste intuitiv.

Bemerkenswert ist, wie schnell das Unbewusste solche Schlüsse zieht. Oft genügen winzige Hinweise, um ein Urteil über eine Situation zu fällen.

Die US-Psychologin Nalini Ambady ließ Studenten drei kurze Videofilme von jeweils zehn Sekunden betrachten: Darauf war ein Professor zu sehen, der eine Vorlesung hielt. Und obwohl die Aufnahmen nicht mit einer Tonspur unterlegt waren, kamen die Probanden bei einer Beurteilung der vermuteten Kompetenz und Persönlichkeit des Lehrenden zu ganz ähnlichen Resultaten wie Studenten, die ein Semester lang bei ihm ein Seminar belegt hatten. Auch wenn die Psychologin die Videoausschnitte auf zwei Sekunden Länge beschränkte, änderte sich an den Urteilen nur wenig.

Ähnliches gilt für Fotos uns fremder Menschen. Wir brauchen nur die Dauer eines Blinzelns, um zu entscheiden, ob wir jemanden für vertrauenswürdig, attraktiv, fähig oder liebenswert halten. Selbst wenn man uns das Foto länger zeigt, ändern wir unsere Einschätzung in der Regel nicht mehr.

Das geschieht auch beim Flirten: Oft ist unsere Neugier bereits nach einem kurzen Moment angestachelt oder

INTELLIGENZ

Menschen, die sich für sehr rational halten, ist ihre Intuition oftmals regelrecht unheimlich

eben nicht. Hierbei spielen Gesten ebenso eine Rolle wie die Mimik und das Verhalten (siehe Seite 94).

Das Unbewusste macht sich dabei meist in Form von Gefühlen bemerkbar, die wiederum über körperliche Signale kommuniziert werden.

Welche Signale das sein können, zeigte ein Experiment in den USA: Versuchspersonen erhielten 2000 Dollar und vier Stapel Karten, aus denen sie nach Belieben ziehen sollten. Jede Karte verhieß entweder einen Gewinn von 50 oder 100 Dollar oder einen Verlust, den der Spieler bezahlen musste.

Doch die Gewinn- und Verlustchancen waren nicht gleichwertig verteilt: In zwei der Stapel drohten den Probanden milde Verluste, in den beiden anderen zum Teil gewaltige.

Gewöhnlich zogen die Probanden 50 bis 80 Karten, bis sie erkannten, was es mit den Stapeln auf sich hatte. Doch schon zuvor erklärten sie, dass sie manche Stapel weniger „mochten“ als andere. Über hochempfindliche Sensoren, die sie auf der Haut der Probanden angebracht hatten, konnten die Forscher ablesen: Einige Spieler begannen bereits ab der zehnten Karte merklich zu schwitzen, wenn sie nach einem der risikoreicheren Stapel griffen.

INZWISCHEN SIND eine Reihe derartiger Signale des Unbewussten bekannt. Polizisten berichten beispielsweise, dass sich ihnen die Haare aufstellen, wenn Gefahr droht. Manager erzählen, dass sie zu zittern beginnen, wenn sie eine gute Geschäftsidee haben.

Klar ist auch: Bewusstes Denken stört die Kommunikation mit dem Unbewussten oft. Durften etwa Paare auf die Frage, wie glücklich sie seien, spontan antworten, waren ihre Reaktionen ein guter Indikator dafür, ob sie einige Monate später noch zusammen sein würden. Bat man sie jedoch, zunächst eine Liste zu erarbeiten, mit allem, was gut oder schlecht in der Beziehung lief, und fragte sie dann, verlor ihre Einschätzung erheblich an Aussagekraft.

Offenbar übertönt das Bewusstsein mit seiner sprachlich vermittelten Ratio die emotionalen (und oft weitaus genaueren) Signale aus dem Unbewussten – ein Phänomen, das viele Sportler kennen: Erfahrene Handballspieler etwa werfen meist automatisch den Pass, der in einer Situation den größten Erfolg verspricht. Halten sie jedoch inne und denken nach, wählen sie oft eine ungünstigere Variante. Der Grund: Gibt es keine Zeit zum Nachdenken, steuert das Unbewusste den Körper und wählt dabei aus seiner gigantischen Datenbank jene Spielzüge aus, die sich in der Vergangenheit unter vergleichbaren Umständen bewährt haben.

Aus ähnlichen Gründen sind wir dann oft besonders kreativ, wenn das Bewusstsein schweigt. Denn häufig ist ein Geistesblitz nichts anderes als das Aufdecken neuer Zusammenhänge zwischen jenen Fakten, die das Gehirn gespeichert hat: ein Zugriff also auf den riesigen Erfahrungsschatz, den wir im Lauf der Jahre angesammelt haben.

Dies aber ist eine Aufgabe, der das Unbewusste offenbar dann besonders gut nachgeht, wenn wir frei assoziieren, tagträumen oder gar schlafen.

Das Problem sei nicht, musikalische Ideen zu finden, soll der Komponist Johann Sebastian Bach einst gesagt haben: Das Problem sei, „morgens beim Aufstehen nicht auf sie zu treten“.

Auch für andere Künstler spielt Intuition eine wichtige Rolle. So suchte der amerikanische Maler Jackson Pollock für seine Gemälde nach einem vom Unbewussten gesteuerten Ausdruck seines inneren Zustands. Sein Werk „Mural“, 1943 in einer Nacht entstanden, ist überzogen mit rhythmischen, scheinbar zufällig gesetzten Pinselschlägen, denen jede Gegenständlichkeit fehlt. Pollock erzählte, er habe die Vision einer fliehenden Tierherde gehabt, bei der „jedes Tier des amerikanischen Westens“ mitgaloppiert sei.

Bei anderen Bildern tänzelte er um die auf dem Boden liegende Leinwand und ließ wie in Trance mal von einem Stock, mal von einem eingetrockneten Pinsel oder direkt aus einer Dose Farbe tropfen, bis der Untergrund von Linien, Klecksen, Pfützen und Schlieren überzogen war. Das intuitiv komponierte Zusammenspiel von Formen und Farben strahlt eine eigenartige Faszination aus. „Ich will meine Gefühle ausdrücken, nicht illustrieren", sagte Pollock.

Und doch: Zuweilen führt uns die Intuition auch in die Irre. So verlässt sich das Unbewusste beispielsweise oft auf mentale Abkürzungen – es ignoriert bestimmte Informationen über eine Situation und verlässt sich auf eingespeicherte Regeln. Das können tief verankerte Instinkte sein, beispielsweise kulturelle Vorurteile oder das Misstrauen gegenüber Unbekanntem.

Tests zeigen, dass Menschen in westlichen Industrieländern eine dunkle Hautfarbe unbewusst eher negativ und eine weiße eher positiv assoziieren. Selbst viele Afroamerikaner entscheiden intuitiv so.

Zweifel an seinen Bauchgefühlen sollte man auch bei Vorstellungsgesprächen haben. Zwar können wir blitzartig beurteilen, welche Art von Persönlichkeit jemand hat (und so möglicherweise erkennen, wie gut wir mit dem Bewerber zusammenarbeiten könnten). Aber offenbar ist es schwierig, intuitiv einzuschätzen, wie effizient der Bewerber seine Arbeit erledigen wird. Studien zeigen: Der Lebenslauf und schriftliche Tests sind bessere Indikatoren für eine gute Arbeitsleistung.

Das Unbewusste bewertet auch Situationen falsch, die uns ängstigen. Nach dem 11. September 2001 etwa hielten es viele Amerikaner intuitiv für sicherer, mit dem Auto zu fahren als zu fliegen. Tatsächlich aber war das Sterberisiko pro Kilometer auf der Straße fast 40-mal höher als im Flugzeug. Die Fehleinschätzung führte im Jahr nach den Anschlägen zu einem Anstieg der Unfalltoten: Etwa 1600 Autofahrer mehr als sonst verloren ihr Leben.

Und manche Menschen lotst ihr Bauchgefühl auch bei der Partnersuche in die Irre – etwa dann, wenn sie sich immer wieder in den Falschen verlieben. Ein möglicher Grund hierfür können Bindungsprobleme sein, die ihren Ursprung meist in der Kindheit haben.

Wann also sollten wir auf unsere Intuition achten? Der Psychologe Daniel Kahneman und der Intuitionsforscher Gary Klein haben diese Frage untersucht. Demnach ist Intuition unter zwei Bedingungen verlässlich.

Erstens: Wir haben bereits Erfahrung mit der jeweiligen Situation.

Und zweitens: Es gibt objektiv bedeutungsvolle Zusammenhänge, die das Unbewusste erkennen kann.

Trifft beides zu, kann Intuition sogar erfolgreicher sein als jede kognitive oder technische Methode.

Diese Erfahrung machte eine Mitarbeiterin von Gary Klein bei einer Studie auf einer Intensivstation für Neugeborene: Die Säuglingsschwestern dort erkannten sehr früh Anzeichen für lebensbedrohliche Infektionen – eher noch als erfahrene Ärzte und auch rascher, als es medizinische Tests anzeigten (die fielen nämlich oft fälschlicherweise zunächst negativ aus).

Auf die Frage hin, wie sie zu ihrer Beurteilung gekommen seien, konnten sie keinen rationalen Grund nennen.

Stattdessen antworteten die Krankenschwestern: „Das war Intuition." Durch ihr auf Erfahrung beruhendes Bauchgefühl konnten viele Säuglinge mit Antibiotika gerettet werden.

Die Forscherin fand heraus, dass die Schwestern auf ein komplexes Muster winziger Hinweise reagiert hatten, die zum Teil selbst der Fachliteratur unbekannt waren. Wenn etwa ein Frühchen beim Wiegen nicht schrie, erkannte eine erfahrene Säuglingsschwester dies als Warnsignal. Ärzte interpretierten so etwas meist falsch: Schließlich gilt bei Erwachsenen eher Unruhe als Zeichen für eine Infektion.

Ob es die Schwestern sind oder ein Feuerwehrmann, der ahnt, dass ein Dach über ihm zusammenbrechen wird: Immer ist es große Erfahrung, die Intuition verlässlich macht.

So war es auch bei jenen Kunstkennern, die den vermeintlich antiken Jüngling des Museums in Los Angeles als Fälschung entlarvten. Innerhalb weniger Sekunden verstanden sie die wahre Natur der Statue besser als jene Wissenschaftler, die monatelange Analysen durchgeführt hatten.

Je intensiver sich die Experten mit der Fälschung beschäftigten, desto deutlicher wurde, dass sie eine Kombination verschiedenster Stile aus verschiedensten Zeiten und Regionen war. Auch zeigte sich, dass die Kalzitschicht auf dem Marmor wohl mithilfe eines Schimmelpilzes binnen weniger Monate entstanden sein könnte.

Letztlich aber verhalf der große Erfahrungsschatz der Antikenkenner zur richtigen Einschätzung. Eine Mitarbeiterin des Leiters der Archäologischen Gesellschaft in Athen erinnerte sich, wie ihr Chef reagierte, als er den Kouros betrachtete.

Er wurde bleich und sagte: „Wer je dabei war, wenn eine Statue aus der Erde kommt, der erkennt auf den ersten Blick, dass dieses Ding nie einen Krümel Erde gesehen hat."

GUT ZU WISSEN

Bauchgefühl

Intuitionen sind Entscheidungen, die wir in unserem Unbewussten oft schon längst getroffen haben.

Lebensgeschichte

Die Gabe für intuitiv richtig getroffene Entscheidungen beruht auf eigenen Erfahrungen und uralten Instinkten.

Geistesblitze

Spontane Einfälle sind häufig nichts anderes als das Aufdecken neuer Zusammenhänge zwischen im Gehirn gespeicherten Fakten.

Text:
Bertram **Weiß**

Fotos:
Alessandra **Mannisi**

Wie entsteht Neues?

Vor einer Entscheidung verengt sich oft der Blick – und wir sehen nicht, was alles möglich wäre. Doch wie verändern wir die Perspektive? Wie entwickeln wir neue Ideen? Sieben Fragen und Antworten zur Gabe der Kreativität

Geht es um eine Entscheidung, scheint es oft nur noch zwei Möglichkeiten zu geben, Ja oder Nein, Richtig oder Falsch. Wir entwickeln einen Tunnelblick, fühlen uns zu einem Entschluss gezwungen aus Mangel an Alternativen. Was wir meist nicht sehen: Es gibt oft noch andere Wege, manche ungewöhnlich. Doch um sie zu finden, ist eine besondere Gabe nötig: Kreativität.

1. Was ist Kreativität?

Creavit, so lautet das erste Verb der ins Lateinische übersetzten Bibel: „In principio creavit Deus caelum et terram." Es ist der erste Satz des Schöpfungsmythos von Christen und Juden: „Am Anfang schuf Gott Himmel und Erde." Die Ureinwohner von Samoa glaubten Ähnliches: Am Anfang befahl eine Gottheit einem Stein, sich in Himmel und Erde zu zerteilen. Und laut einem Mythos des japanischen Urvolkes der Ainu schlug auf Geheiß des Schöpfers am Anfang ein Vogel mit seinen Flügeln so heftig auf die Oberfläche des Urmeeres, dass aus der Gischt schließlich Inseln entstanden. Seit Jahrtausenden erzählen sich die Menschen

Leidenschaft

Unser Einfallsreichtum zeigt sich nicht zuletzt darin, wie wir uns einrichten, welche Gegenstände wir um uns versammeln. Das Projekt »Souls in a Box« der Fotografin Alessandra Mannisi stellt Menschen vor, deren Zuhause in Berlin besonders von der Imagination ihrer Bewohner geprägt ist. Darunter auch die israelische Künstlerin Moran (o.), 37, und der venezolanische Maler Nestor, 54, (r.)

Schöpfung

Etwas Neues zu erschaffen, das zuvor nicht existierte, ist längst kein göttliches Vorrecht mehr (hier der US-Künstler Stephan, 45)

Fantasie

Schöpferischen Menschen gelingt es, sich zeitweilig ganz in ihre eigene Welt zurückzuziehen, so auch der Illustrator Giancarlo und seine Frau und Assistentin Jana, 43 und 45

Kreative Menschen sind deutlich sensibler

solche Geschichten über die Entstehung der Welt. Doch so unterschiedlich diese Legenden sind: Im Grunde handeln die meisten von einer einzigartigen Gabe, die frühe Kirchengelehrte „creatio ex nihilo" nannten – die Schöpfung aus dem Nichts.

Es scheint eine den Göttern vorbehaltene Fähigkeit zu sein, die unsere Vorfahren in Mythen kleideten. Letztlich aber berichten sie von einem Prinzip, das auch der Mensch beherrscht.

Denn manchmal befällt uns eine Idee, mal als vage Ahnung, mal als zündender Geistesblitz – und wir beginnen, etwas Neues zu gestalten: etwas zu erschaffen, das zuvor nicht existierte. Und das sich von bisher Dagewesenem unterscheidet. Kurz: Wir sind kreativ (von lat. *creare*, hervorbringen, schaffen, erzeugen).

Die schöpferische Gabe gilt als die wichtigste wirtschaftliche Ressource der Menschheit. Es ist ein Schatz, der heute wertvoller ist als je zuvor: Waren früher vor allem die Rohstoffe der Natur und die physische Arbeitskraft bedeutsam, so wird die Wirtschaft der Zukunft vornehmlich auf neue Ideen angewiesen sein. Fantasievolle Mitarbeiter gelten als bedeutendes Kapital von Unternehmen, schöpferische Einfälle als Währung des Erfolgs. Denn sie eröffnen den Weg, neue, ungewöhnliche Entscheidungen zu treffen.

2. Kann jeder schöpferische Energie in sich wecken?

Auf den ersten Blick mögen nur wenige Menschen diese Gabe besitzen – all jene, die immer wieder durch geniale Einfälle verblüffen. Doch Forscher sehen die Kreativität nüchterner. Sie betrachten die Fähigkeit nicht als Privileg eines kleinen Personenkreises, sondern als Charakteristikum aller Menschen – ja als grundlegenden Wesenszug des *Homo sapiens*.

Zwar mag diese Gabe bei dem einen stärker, bei dem anderen schwächer ausgeprägt sein. Doch im Prinzip ist jeder dazu fähig, neuartige Gedanken zu entwickeln.

Denn genau das geschieht jede Nacht – dann, wenn wir unsere Fantasie treiben lassen und träumen: Im Schlaf formt unser Gehirn aus Erinnerungen und Erlebnissen mitunter bizarre Welten und wird so gleichsam zu einer Art Atelier unseres kreativen Schaffens.

Dass Menschen ihren Geist von Natur aus auf imaginäre Ausflüge schicken, äußert sich schon sehr früh im Leben. Denn wir erproben diese Fähigkeit erstmals, wenn wir zu spielen beginnen. Schon mit knapp zwei Jahren nutzen Kinder ihre Fantasie, um neue Objekte herzustellen – etwa indem sie Bauklötze aufeinandertürmen.

In diesem Alter fangen Mädchen und Jungen an, Gegenstände und Handlungen fantasievoll umzudeuten: Sie tun etwa so, als seien gelbe Bausteine Bananen oder als enthalte ein leerer Becher eine Flüssigkeit, die sich ausschütten oder trinken ließe.

In jenem Einfallsreichtum der frühen Jahre, so meinen Forscher, zeigt sich womöglich, wie stark ein Mensch zum kreativen Denken neigt.

3. Was zeichnet besonders einfallsreiche Menschen aus?

Generationen von Wissenschaftlern haben nach Wesensmerkmalen gesucht, die spielerische Fantasie begünstigen oder hemmen. Der US-Psychologe Raymond Cattell hat schon vor Jahrzehnten dazu einen Katalog von rund 180 Fragen über Verhalten, Gemüt und Temperament erstellt. Je nachdem, wie die Antworten einer Testperson ausfielen, ordnete Cattell ihr eine Auswahl von Charaktermerkmalen zu.

Cattell fand heraus: Menschen, denen kreative Leistungen leichtfallen, neigen zu überdurchschnittlich dominantem, selbstsicherem und neugierigem Verhalten.

Doch zugleich wohnt ihnen eine andere, scheinbar widersprüchliche Seite inne: Sie sind sehr empfindsam, feinfühlig, bisweilen zartbesaitet – und gewöhnen sich mitunter nur langsam an neue Eindrücke.

Diese ausgeprägte Sensibilität konnten Forscher sogar anhand physiologischer Messungen nachweisen.

Normalerweise versetzen uns neue Reize, etwa ein fremder Ton oder eine ungewohnte Berührung, kurzzeitig in Stress. Das erkennen Wissenschaftler zum Beispiel daran, dass die Haut dann leichter elektrischen Strom leitet. Gewöhnen wir uns allmählich an die Stimulation, nimmt der Widerstand der Haut wieder zu. Kreative Menschen sind jedoch so sensibel, dass sich der Zustand der Haut erst nach längerer Zeit wieder normalisiert.

Zunächst mag es widersinnig erscheinen: Doch gerade diese Anfälligkeit für Stress, so vermuten Forscher, treibt manche Kreative dazu, sich extrem ausdauernd in eine Aufgabe zu vertiefen. Sind sie einmal auf ein Problem aufmerksam geworden, lässt es sie nicht mehr los. Diese Form der Beharrlichkeit nennen Wissenschaftler „perseverierende Aufmerksamkeit“ (von lat. *perseverare*, beharren).

Und sie funktioniert offenbar wie ein Schutzmechanismus: Solange sich kreative Menschen in ihre Gedankenwelt zurückziehen, schirmen sie sich gegen äußere Reize ab – und vermeiden somit übermäßigen Stress.

Doch hartnäckige Konzentration allein reicht nicht aus, um eine neue Erkenntnis zu gewinnen.

Kreative Menschen streben auch stärker als andere nach Unabhängigkeit, sie sind eigenwilliger und unbeugsamer, neigen dazu, Normen, Regeln und Gesetze zu missachten. Es drängt sie, Tabus und Konventionen zu brechen.

Allerdings bringt dieses Charakteristikum nicht nur Vorteile mit sich: Aufgrund ihres ausgeprägten Eigensinns wirken kreative Persönlichkeiten auf ihre Mitmenschen oft herablassend, egozentrisch und herrisch, mitunter gar zynisch oder feindselig.

Vermutlich tragen solche Wesenszüge dazu bei, dass ein kreativer Mensch selten sowohl Einfälle hat als auch fähig ist, andere vom Wert seiner Innovation zu überzeugen.

Ob Regisseur und Filmproduzent, Modeschöpfer und Manager, Redakteur und Herausgeber, Komponist und Impresario, Kunstmaler und Galerist, Romancier und Verleger: Zumeist verhelfen nur Teams von kreativen Persönlichkeiten und organisatorischen Talenten neuen Ideen zum Erfolg.

Manche Gelehrte haben eine ausgeprägte Erfindungsgabe früher sogar als psychische Störung gedeutet, als widernatürliche geistige Verwirrung. Schon der römische Gelehrte Seneca schrieb im 1. Jahrhundert n. Chr.: „Kein großer Geist ohne eine Beimischung von Wahnsinn.“

Tatsächlich scheinen Kreativität und Irrsinn, Genie und Geisteskrankheit mitunter nah beieinanderzuliegen.

Das belegen zumindest die Biografien vieler kreativer Persönlichkeiten. Der Staatstheoretiker und Literat Jean-Jacques Rousseau litt die letzten 21 Jahre seines Lebens unter Verfolgungswahn.

Im Wahn endeten auch der Maler Vincent van Gogh und der Philosoph Friedrich Nietzsche, die Komponisten Gaetano Donizetti, Robert Schumann und Bedřich Smetana sowie die Schriftsteller Robert Walser, Charles Baudelaire, Nikolai Gogol und Guy de Maupassant.

Doch heute warnen Forscher davor, die Merkmale ausgeprägten Schöpfergeistes zu leichtfertig mit Symptomen psychischer Leiden zu verknüpfen. Zu klein ist dafür bislang die Zahl überzeugender Belege, zu wenig stichhaltig die bloße Rückschau auf das Leben kreativer Persönlichkeiten.

In einem Punkt sind sich die Wissenschaftler allerdings sicher: Kreativität und Intelligenz sind vielfach eng miteinander verknüpft.

4. Was geschieht im kreativen Denkprozess?

Im Alltag versuchen wir in der Regel, Probleme planmäßig und linear zu lösen, Schritt für Schritt nach gewohnten Strategien – zu einer Lösung oder Entscheidung zu gelangen. Wissenschaftler nennen dies schlussfolgerndes (oder: „konvergentes“) Denken.

Kreativität dagegen, so haben Forscher herausgefunden, beruht auf einer anderen Arbeitsweise des Gehirns: dem „divergenten“, auseinanderstrebenden Denken. Dabei nähert sich das Gehirn der Lösung eher assoziativ, lässt auch Emotionen und ungewöhnliche Einfälle dazu beitragen und umgeht zensierende Gedanken. Psychologen gliedern dieses „Querdenken“ in drei Teilbereiche:

• Flüssigkeit – die Gabe, in kurzer Zeit eine große Anzahl von Ideen zu erzeugen;

• Flexibilität – die Fähigkeit, vielfältige Ideen zu produzieren, ein Pro-

Das Gehirn verknüpft Emotion mit Information

Querdenken

Im Kreativprozess schaltet unser Gehirn in einen »divergenten« Modus: Es arbeitet nicht mehr linear, sondern assoziativ (hier der Sammler Ralph, 28)

blem also auf möglichst unterschiedliche Weise zu lösen;

• Originalität – das Talent, ausgefallene, überraschende Ideen zu entwickeln, auf die kaum ein anderer kommen würde.

Anders als die rationale Intelligenz lassen sich diese Anzeichen des divergenten Denkens bis heute kaum messen. Ideenreichtum und Schaffenskraft kann man nicht mit einem ähnlich strengen Punktesystem bewerten wie die Intelligenz: Es gibt eben keinen „Kreativitätsquotienten".

Zwar könnte dies Firmen bei der Auswahl kreativer Mitarbeiter helfen oder Lehrer bei der Förderung kreativer Kinder unterstützen. Doch bislang müssen sich Unternehmer und Pädagogen mit Tests begnügen, deren Ergebnisse einen eher vagen Eindruck des kreativen Potenzials geben.

Um zu ermitteln, ob Probanden außergewöhnlich „flüssig" denken, bitten Forscher sie etwa: „Finden Sie zu dem Wortende ‚-lich' so viele Wörter wie möglich."

Oder: „Nennen Sie Wörter, die so etwas Ähnliches bezeichnen wie ‚gut'." Manche Testpersonen haben Schwierigkeiten, auch nur ein einziges Synonym zu finden, andere nennen mühelos ein ganzes Dutzend.

Die Ideenflexibilität versuchen Forscher zu erfassen, indem sie Probanden etwa auf die Frage antworten lassen: „Was kann man alles mit einer Zeitung tun?" Weniger kreative Menschen werden an das Naheliegende denken: Man kann sie lesen, falten, in den Papierkorb werfen. Anderen fällt zusätzlich ein: Aus einer Zeitung kann man Wörter ausschneiden und einen anonymen Brief verfassen, man kann mit dem Papier Wände tapezieren, und man kann mit einer Zeitung Millionen Menschen erreichen.

Um Originalität einzuschätzen, fragen Testleiter zum Beispiel: „Was würde sich ändern, wenn plötzlich alle Menschen zwei Daumen an jeder Hand hätten?"

Oder: „Was würden Sie tun, wenn Sie auf die Größe einer Fünf-Cent-Münze schrumpften und in einen Mixer fielen, der in einer Minute eingeschaltet wird?"

Gerade bei solchen Fragen, die kaum etwas mit der menschlichen Erfahrungswelt gemein haben, fühlen sich

Inspiration

Jenseits unseres Bewusstseins trägt unser Gehirn im Verborgenen Informationen zusammen und verknüpft sie neu (hier der Performance-Künstler Louis, 43)

viele überfordert – spontan fällt ihnen keine Antwort ein. Andere Probanden sprudeln geradezu vor Ideen.

Im „Torrance Test for Creative Thinking“ (TTCT), einem der am weitesten verbreiteten Kreativtests, spielt auch die visuelle Originalität eine große Rolle: Die Probanden werden etwa gebeten, einfache Zeichnungen wie Haken oder Kurven zu sinnvollen Bildern zu erweitern.

Während die einen aus der Vorgabe eher zurückhaltend mit wenigen Strichen ein kleines Tier entwickeln, nehmen andere sie zum Ausgangspunkt einer ganzen Landschaft.

Wer versucht, diese Aufgaben allein mit logischer Argumentation zu bearbeiten, wird kein überdurchschnittliches Ergebnis erzielen.

Denn es gibt keine bestimmte, eindeutig korrekte Lösung und somit auch keine Begrenzung für die Menge möglicher Antworten.

Getestet wird dabei nicht etwa die Fähigkeit zu tüfteln und zu analysieren, sondern die ungezwungene Imagination. Eine Gabe also, die sich nicht unbedingt im Moment des Tests frei entfaltet – und die sich auch nicht zuvor einüben lässt.

5. Lässt sich Kreativität erlernen?

Viele Ratgeber behaupten, Menschen könnten Kreativität dauerhaft verbessern, indem sie sie etwa mit Knobelspielen oder durch mehr Abwechslung im Alltag trainieren – gerade so, als wäre sie ein Muskel.

Tatsächlich aber bleibt die schöpferische Gabe ein Leben lang stabil. Anders als Sprachkenntnisse etwa vermögen wir unser Ideenpotenzial kaum zu verändern. Ein eher unkreativer Mensch kann sich nicht in einen schöpferischen Genius verwandeln.

Allerdings lässt sich eine Umgebung schaffen, in der Menschen ihren Schöpfergeist leichter entfalten können.

Um zu begreifen, unter welchen Umständen wir besonders leicht auf Ideen kommen, ergründen Wissenschaftler, wie fantasievolle Gedanken überhaupt zustande kommen, wie der kreative Denkprozess funktioniert.

Und was in unserem Gehirn geschieht, wenn uns ein Geistesblitz ereilt.

Freilich gelangen nicht alle Menschen auf die gleiche Weise zu einem neuen Einfall, zu verschieden sind die jeweiligen Aufgaben und individuellen Stärken. Und doch kennen Forscher inzwischen einige Gemeinsamkeiten.

Es gibt mindestens vier Phasen, die jeder auf dem Weg zur kreativen Idee durchlebt:

- Entdeckung; bewusst oder unbewusst setzen wir uns mit einer Frage auseinander; wir entwickeln ein unbefriedigtes Bedürfnis, entfalten einen ungestillten Wunsch. Kurz: Wir entdecken ein Problem, welches unsere Neugier weckt.
- Reifung; jenseits unserer bewussten Gedanken beginnt das Gehirn, Informationen zusammenzutragen, Erinnerungen zu verknüpfen und zwischen ihnen – ohne dass wir dies gezielt steuern können – zum Teil unerwartete Verbindungen herzustellen. Sobald wir uns bewusst mit dem Problem auseinandersetzen, vermindert sich diese freie Assoziation; logisches und lineares Denken setzt ein.
- Einsicht; in dieser Phase, auch „Aha-Erlebnis“ oder „Heureka-Moment“ genannt, beginnen wir, eine Lösung des Problems zu erkennen. Mal ist es zunächst nur eine vage Ahnung, mal ein Geistesblitz, mal eine Kette von zeitlich versetzten Erkenntnissen.
- Ausarbeitung; häufig ist dieses Stadium, in dem wir den Wert der neuen Einsicht einschätzen und sie umsetzen, besonders mühsam. Emotionen wie Euphorie oder Angst können im raschen Wechsel aufeinanderfolgen, Selbstkritik und Unsicherheit wühlen uns auf.

Denn auf dem Weg von der Idee zum fertigen Produkt, von der Geschichte zum Roman, von der Melodie zur Komposition müssen wir ausdauernd an die Idee glauben, wieder und wieder Entscheidungen treffen und gegen Zweifel ankämpfen.

6. Was verbirgt sich hinter der »Inkubation«?

Der Schlüssel zu kreativem Denken verbirgt sich oft in der zweiten der vier Phasen. Mitunter bezeichnen Forscher dieses Stadium, die Reifungsphase, auch als „Inkubation“ – so wie die Menschen im Altertum jenen mystischen Schlaf an einer Kultstätte nannten, der eine höhere Einsicht herbeiführen sollte.

Noch heute erscheint diese Phase besonders rätselhaft, ja geradezu magisch. Forscher wissen bislang nicht, was genau geschieht, wenn unser Gehirn im Verborgenen einen Einfall heranreifen lässt. Überzeugend belegt ist nur: Bewusstes Denken stört die unbewussten Quellen zündender Ideen. Wer aus diesen schöpfen will, muss sich, so absurd es zunächst klingen mag, von der eigentlichen Aufgabe lösen.

Vor allem Künstler, ob Poeten, Bildhauer oder Maler, suchen gezielt nach Wegen, um bewusste Grübelei zu vermeiden.

So versuchte der Amerikaner Jackson Pollock um 1950 bei seinem „Action Painting“ – der Produktion scheinbar hingeworfener Bildkleckse und Farbgespinste – seinem Unterbewusstsein so viel Raum wie möglich zu geben. Er tänzelte um seine Leinwand und ließ die Farbe spielerisch mal von einem Stock, mal von einem Pinsel oder gar direkt aus der Dose tropfen.

In diesem tranceähnlichen Zustand schuf Pollock Werke voller Linien, Pfützen, Schlieren und Kleckse, die eine eigenwillige Faszination entfalten – und bis heute als Meisterleistungen kreativer Schaffenskraft gelten.

Damit sich ein Mensch ziellos in den geistigen Reifungsprozess fallen lassen kann, muss er freilich über die nötige Zeit und Unabhängigkeit verfügen. Daher raten Kreativitätsforscher: Unternehmer, die ihre Mitarbeiter zu Ideenreichtum beflügeln wollen, müssen dafür Möglichkeiten im Arbeitsalltag schaffen.

Denn in der Erwartung, unbedingt einfallsreich sein zu müssen, erreichen Mitarbeiter nur selten, was der US-Managementberater Otto Scharmer vom Massachusetts Institute of Technology „presencing“ nennt. Dieses Kunstwort ist aus den englischen Begriffen für Spüren *(sensing)* und Gegenwart *(presence)* zusammengesetzt.

Im Kern versteht Scharmer darunter, was bereits die chinesischen Denker des Taoismus vor zwei Jahrtausenden lehrten: Der Mensch darf Kreativität nicht wollen – er muss sie zulassen. In der Tat hat die Kreativitätsforschung gezeigt: Konzentrieren wir uns nicht gezielt auf eine Aufgabe, so ist unser Gehirn trotzdem vollauf beschäftigt.

Dies entdeckte 2001 der Neurowissenschaftler Marcus Raichle aus St. Louis, Missouri. Mithilfe von Hirnscannern beobachtete er die Denkorgane von Probanden, während diese von einer Konzentrationsübung zum Nichtstun übergingen. Sobald die Aufmerksamkeit der Testpersonen nachließ, zeigte sich ein kurioser Effekt: In einigen Hirnregionen nahm die Aktivität nicht etwa ab, sondern zu.

Marcus Raichle bezeichnete diesen Verbund verschiedener Areale als „Default-Network“, also als „Leerlauf-Netzwerk“.

Weitere Studien haben inzwischen bestätigt, dass es immer dann anspringt, wenn unser bewusstes Denken erlahmt; wenn wir uns passiv verhalten und nur wenige Reize unsere Aufmerksamkeit erregen oder in Anspruch nehmen.

Noch rätseln Forscher, was genau während des Leerlaufs im Gehirn geschieht. Vermutlich macht unser Denkorgan in diesen Augenblicken, was es auch im Schlaf tut: Es verknüpft neue Informationen im Unbewussten mit Erinnerungen und Emotionen; es sortiert, ordnet, vernetzt. Und ebnet so auf ungemein komplexe Weise den Weg für ungewöhnliche Einfälle.

7. Welche Kreativtechniken sind nützlich?

Vor über 70 Jahren erdachte der US-Werbefachmann Alex Osborn die in Unternehmen wohl populärste Kreativitätstechnik: das Brainstorming in Gruppen. Erstaunlicherweise aber ist dieses gemeinsame Gedankenspiel oft nicht so fruchtbar, wie viele denken.

Zwar ist es nützlich, um bestehende Ideen zu verfeinern, weiterzuentwickeln und miteinander zu verknüpfen.

GUT ZU WISSEN

Schöpferische Gabe

Kreativität ist zwischen Menschen ungleich verteilt, doch jeder kann sie in sich wecken. Denn die Basis dafür ist im Gehirn angelegt.

Verborgene Reifung

Im schöpferischen Prozess erkennen Forscher eine noch rätselhafte Phase der „Inkubation“, in der das Gehirn ohne aktives Zutun arbeitet.

Drei Talente

Kreative Menschen verfügen über drei Fähigkeiten: Sie produzieren viele Ideen, wechseln die Perspektive und wagen sich an neue Wege.

Doch belegen Studien, dass Brainstorming für die Ideenfindung selbst eher wenig taugt.

Denn in den meisten Gruppen gelingt es nur selten, zwischen den Teilnehmern eine vertrauensvolle Atmosphäre zu schaffen. Aus Angst, sich vor Kollegen oder Vorgesetzten zu blamieren, halten Mitarbeiter häufig ihre originellsten Ideen zurück – und produzieren eher konventionelle, wenig überraschende Gedanken.

Daher raten Kreativitätsforscher: Wer andere zu Ideenreichtum beflügeln will, muss eine Atmosphäre der Spontaneität, Ermutigung und Freiheit schaffen.

Das ist etwa das Ziel von „Design Thinking“ oder „Design Sprint“ – zweier seit einigen Jahren weit verbreiteter Methoden, um neue Ideen zu entwickeln, Probleme zu lösen, mithin Entscheidungen zu treffen.

Dabei gilt es zum Beispiel, alle Einfälle, und seien sie noch so dünn, zunächst lauthals zu bejahen. Auswahl und Überprüfung folgen erst später in einer anderen Phase.

Die Kernbotschaft dieses Kreativ-Ansatzes, der von Start-ups und milliardenschweren Unternehmen gleichermaßen genutzt wird, ist: Im Mittelpunkt steht derjenige, der von der kreativen Lösung am Ende profitieren soll. Deshalb werden in rascher Folge immer wieder die potenziellen Nutzer eines Produkts befragt, Prototypen entwickelt und von Probanden getestet.

So kann aus Kreativität schließlich ein Ergebnis entstehen, das wahrhaft nützlich ist.

Doch nicht auf die Methode allein kommt es an: So entwickeln etwa Forscher an der Stanford University physische Räume, die Kreativität auf besondere Weise fördern sollen.

Dazu gehören etwa vielfältige Arbeitsmaterialien und mobile Möbel, die immer wieder neu kombiniert werden können, und „vertikale Arbeitsflächen“, also etwa Tafeln, Whiteboards, Pinnwände oder große Bildschirme.

Denn gerade dort, wo Menschen vereinzelt an Computern arbeiten, geht allzu rasch das Gefühl dafür verloren, zusammenzuarbeiten.

Und gemeinsam etwas Neues zu erschaffen. ‹

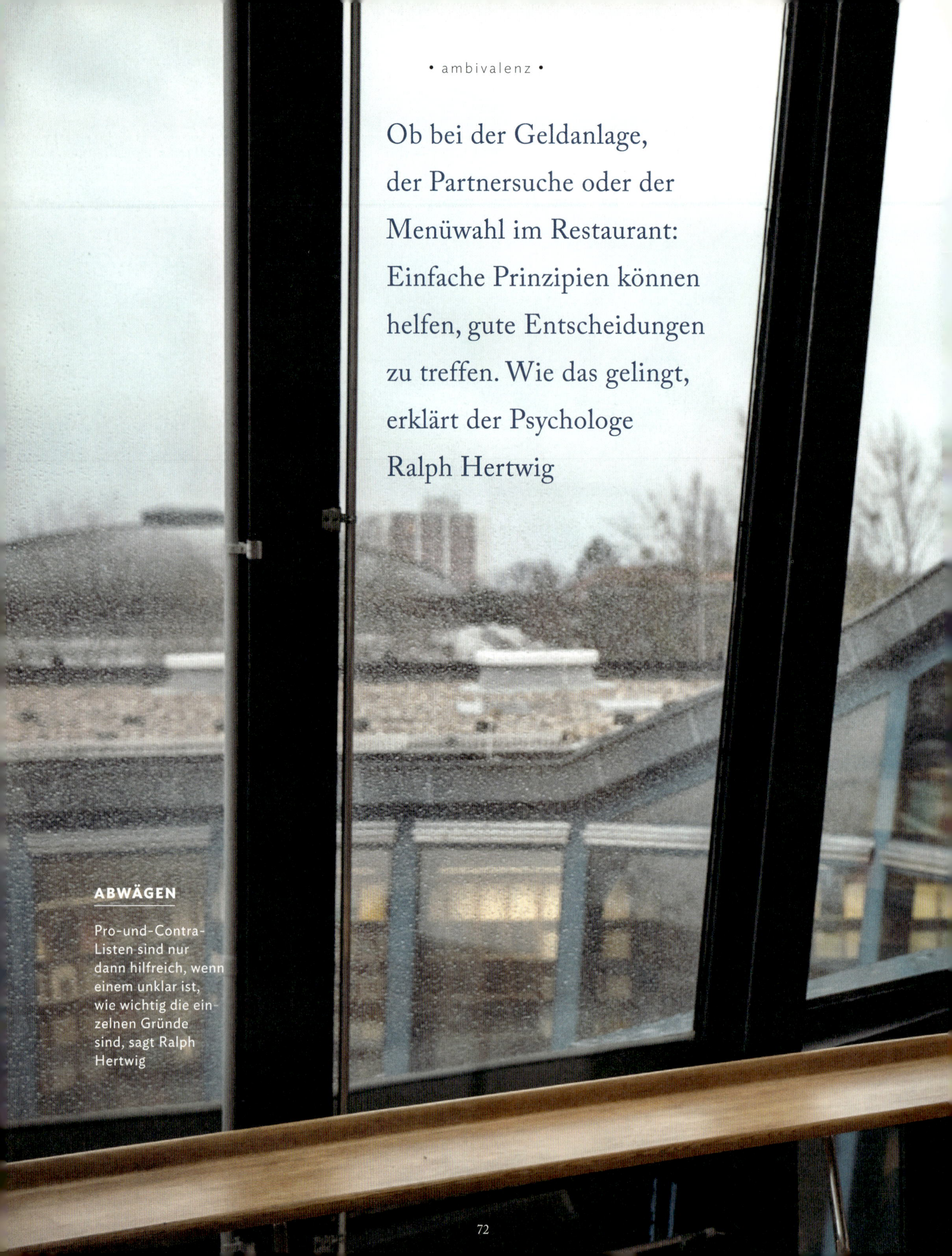

Ob bei der Geldanlage, der Partnersuche oder der Menüwahl im Restaurant: Einfache Prinzipien können helfen, gute Entscheidungen zu treffen. Wie das gelingt, erklärt der Psychologe Ralph Hertwig

ABWÄGEN

Pro-und-Contra-Listen sind nur dann hilfreich, wenn einem unklar ist, wie wichtig die einzelnen Gründe sind, sagt Ralph Hertwig

»Wir müssen lernen, **Unsicherheit** zu ertragen«

Interview:

Claus Peter **Simon** und Bertram **Weiß**

•

Fotos:

Gordon **Welters** *exklusiv für* GEO WISSEN

GEO WISSEN: *Herr Professor Hertwig, viele Menschen haben das Gefühl, die Welt sei unübersichtlich und unsicher. Ist das auch Ihr Eindruck?*

PROF. RALPH HERTWIG: Die Welt ist komplexer geworden, ganz klar, aber ist sie auch unsicherer geworden? Das sagt sich leicht – und wird häufig auch so empfunden, wie sich bei Umfragen etwa zur wahrgenommenen Kriminalität zeigt.

Auf der anderen Seite ist unser Leben heute sicherer. Wir haben zum Beispiel die sozialen Sicherungssysteme, die uns schützen: gegen Arbeitslosigkeit, gegen Krankheit, gegen Altersarmut. Zudem können wir viele Unsicherheiten dank umfangreicher Informationen und Daten besser einschätzen. Wir messen also sozusagen die Unsicherheit – in Bereichen, wo wir das früher nicht konnten – und machen daraus ein bezifferbares Risiko. Dieses können wir dann bewusst eingehen oder auch nicht.

Prof. Dr. Ralph Hertwig

Der Psychologe ist Direktor am Max-Planck-Institut für Bildungsforschung in Berlin. Dort erforscht er, wie Menschen Entscheidungen treffen.

Das mag Ihnen als Experte leichtfallen. Aber die meisten Menschen mögen sich mit großen Datensätzen zur Risikoeinschätzung wohl eher nicht beschäftigen.

Das müssen sie auch nicht, weil die Ergebnisse ja für uns häufig öffentlich aufbereitet werden. Beim Fliegen zum Beispiel wissen wir, dass das Risiko, dabei umzukommen, sehr gering ist und unsere eigene Erfahrung beim Fliegen und die unseres sozialen Umfelds bestätigt das. Oder nehmen Sie die Beipackzettel bei Medikamenten, da ist sehr genau aufgeführt, welche Nebenwirkungen in welcher Häufigkeit auftreten.

Führt nicht gerade das Lesen von Beipackzetteln dazu, dass Patienten noch mehr Unsicherheit verspüren, weil sie auf Risiken stoßen, von denen sie zuvor nichts geahnt haben?

In Beipackzetteln werden meist sehr seltene Nebenwirkungen beschrieben, die beim Lesen ein viel größeres Gewicht bekommen als ihnen zusteht. Aber wenn ich mir das vergegenwärtige und das Medikament dann jeden Tag einnehme, mache ich die Erfahrung, dass sehr seltene Risiken tatsächlich sehr selten sind. Ich lerne also, mit dem Risiko zu leben.

Viele Menschen fühlen sich dennoch verunsichert. Und gerade im Alltag hat man es heutzutage mit mehr Widersprüchen zu tun als früher, mit Ambivalenzen, die uns vor schwierige Entscheidungen stellen, sei es bei der Geldanlage, bei der Wahl des Urlaubsziels oder der Partnerwahl. Haben Sie einen Ratschlag, wie man die Qualität seiner Entscheidungen verbessern kann?

Gutes Entscheiden beruht häufig darauf, dass man sich auf die wenigen Aspekte konzentriert, die für die jeweilige Situation relevant sind. In der Fachsprache nennen wir das eine Heuristik: Dies ist ein Prinzip, das uns hilft, trotz begrenzter Zeit und begrenztem Wissen zu einer praktikablen Lösung zu kommen.

Ein Beispiel?

Nehmen Sie die Notlandung des Passagierflugzeugs 2009 auf dem Hudson River, bei dem durch Vogelschlag die Triebwerke ausgefallen waren. Die Piloten mussten in wenigen Augenblicken die Entscheidung treffen: Steuern wir den nächsten Flughafen an oder machen wir eine Notlandung?

Sie hatten zum Glück auch eine Heuristik gelernt: Ich fixiere den nächstgelegenen Flughafen als Punkt auf der Windschutzscheibe – sinkt dieser auf der Scheibe, lässt er sich noch erreichen; steigt er dagegen an, wird er mit Sicherheit verfehlt. In diesem Fall bewegte er sich nach oben, die Piloten mussten die Maschine vorher landen – und wählten den Fluss.

Diese Heuristik hilft aber nur in diesem einen konkreten Fall. Gibt es auch welche, die sich auf verschiedene Gebiete anwenden lassen?

Die Formel 1/N wäre so eine. Damit kann ich zum Beispiel eine relativ risikoarme Entscheidung über eine Geldanlage treffen. Angenommen ich will Aktien erwerben: Statt mein Geld in die Aktien eines einzigen Dax-Unternehmens zu investieren, ist es besser, das Geld auf alle 30 Dax-Unternehmen zu verteilen; N wäre dann 30.

Auf welche anderen Situationen ist das übertragbar?

Die Formel funktioniert gut, wenn es um das Verteilen von Ressourcen geht, sei es Geld oder auch Aufmerksamkeit. Zum Beispiel bei Verteilungskonflikten in der Familie, etwa die elterliche Zeit für mehrere Kinder. Auch hier kann 1/N helfen; N bedeutet hier die Anzahl der Kinder.

ZUKUNFT

Um eine Entscheidung aus anderer Perspektive zu betrachten, soll man sich vorstellen, wie man sie in zehn Jahren vermutlich bewerten wird, rät Hertwig

Heuristische Prozesse kann man auch bei der Entscheidung für einen Partner entdecken. Dieses Problem ist in der Wissenschaft als „Sekretärs-Problem" bekannt: Wie finde ich einen guten Mitarbeiter? Das ist eine ähnliche Fragestellung wie bei der Partnerwahl. Ich schaue mir nacheinander Bewerber an, und frage mich, ob derjenige bereits passt oder ob ich weitersuche. Dabei haben Forscher mithilfe statistischer Analysen festgestellt: Von 100 Kandidaten sollte man sich 37 anschauen, um ein Gefühl dafür zu bekommen, was das optimale Anspruchsniveau sein sollte. Danach akzeptiert man den ersten Bewerber, der besser als der bis dahin beste ist.

Bei der Partnersuche wird das kaum funktionieren: Es gibt ja potenziell unendlich viele Partner.

Das stimmt, es wäre absurd, auch nur den Versuch zu unternehmen. Aber das Prinzip ist ähnlich. Kaum jemand heiratet die erste Person, in die er oder sie sich verliebt. Die Zeit vom Kindergarten über Schule und Ausbildung dient gewissermaßen dem Aufbau des persönlichen Anspruchsniveaus. Und wenn ich dann eine Person treffe, die diesem Level entspricht, habe ich im Prinzip einen möglichen Partner oder eine mögliche Partnerin gefunden.

Er oder sie muss das natürlich genauso sehen.

Gleichzeitig ist mir aber klar, dass es auf der weiten Welt vermutlich noch irgendjemand anderen gibt, der noch besser zu mir passen könnte.

Wenn Sie dann dennoch heiraten, handeln Sie nach dem sogenannten Satisficing-Modell: Ich bin zufrieden mit der Wahloption, die meinem Anspruchsniveau genügt, ohne dass sie optimal ist.

Beim Optimizing-Modell – also beim Versuch, die absolut bestmögliche Wahl zu treffen – nähme die Suche kein Ende, sie wäre letztlich zum Scheitern verurteilt. Der Betreffende bliebe vermutlich unzufrieden und enttäuscht zurück.

Zwischen diesen beiden Modellen bewegt sich unser Entscheidungsverhalten generell, ob bei der Partnersuche, der Wahl eines Urlaubsziels oder eines Kleidungsstücks.

Wie viele Möglichkeiten sollte man sich bei einer unendlichen Auswahl ansehen, ehe man eine Entscheidung trifft?

Computersimulationen zeigen, dass uns zwölf Optionen in der Regel einen guten Überblick verschaffen.

Helfen Heuristiken auch bei moralischen Entscheidungen weiter, in denen Werte eine Rolle spielen?

Moralische Dilemmata zeichnen sich häufig durch das schwierige Abwägen von Zielen und Werten aus, die im Konflikt stehen. Zum Beispiel die Diesel-Debatte: Die Politik könnte vermutlich durchsetzen, dass betreffende Konzerne für die Betrügereien bestraft werden und Milliarden für Nachrüstungen zahlen. Andererseits muss die Politik bedenken, dass die Autoindustrie sich in einer gewaltigen Umbruchphase befindet und die Firmen Milliarden investieren müssen, um den Wandel der Mobilität zu gestalten und Arbeitsplätze zu erhalten. Da stehen Ziel und Werte im Konflikt.

Ein Beispiel im persönlichen Bereich ist die Frage, ob ein Schwangerschaftsabbruch legitim ist, zum Beispiel wenn eine Frau durch Missbrauch schwanger wird – oder ob das Leben des Embryos als sakrosankt gilt.

LEBENSWEG

Menschen bedauern eher jene Dinge, die sie sich nicht getraut haben, so der Psychologe, als jene, für die sie sich entschieden haben

Auch hier können zwischen Menschen völlig unverhandelbare Werte aufeinanderprallen. Wenn das der Fall ist, können weder Heuristiken noch komplexere Entscheidungsverfahren einfache Lösungen versprechen. Ähnlich ist das beim Brexit.

Seit einiger Zeit wird in Wissenschaft und Politik darüber diskutiert, Menschen mithilfe des sogenannten „Nudging" dazu zu bringen, sich besser zu entscheiden. Was ist damit gemeint?

Zunächst müssen wir uns klarmachen, dass jeder immer nur im Rahmen der gesellschaftlichen Möglichkeiten

»Die Suche nach dem Optimum scheitert oft – das macht einen dann natürlich sehr unzufrieden«

entscheiden kann, sich etwa innerhalb von Gesetzen, Normen oder einer Infrastruktur bewegt. Fachleute bezeichnen diesen Rahmen als „Entscheidungsarchitektur“. Nudging ist eine bestimmte Art, diese Entscheidungsarchitektur zu gestalten. Der Fachausdruck lässt sich mit „Anstupsen“ übersetzen.

Es geht darum, durch Veränderungen in der Entscheidungsarchitektur Menschen gewissermaßen ein wenig in eine Richtung zu schubsen.

Ein Beispiel?

Wird in der Kantine das Obst in Griffhöhe präsentiert, während die Süßigkeiten an einen entfernteren Ort rücken, greifen die Leute eher zum Obst und leben so gesünder. Die Präsentation der Ware entscheidet also mit darüber, wie gesund wir uns ernähren. Solche Stupser halte ich für nicht allzu problematisch.

Etwas anderes ist es, wenn gezielt menschliche Defizite ausgenutzt werden, etwa die Bequemlichkeit.

Worauf spielen Sie an?

Zum Beispiel auf die aktuelle Diskussion, die Organspende in Deutschland neu zu regeln und eine Widerspruchslösung einzuführen. Dadurch würden die Rahmenbedingungen – die Entscheidungsarchitektur – grundlegend verändert. Jeder wäre automatisch Organspender, solange er oder Angehörige nicht explizit widersprechen. Das würde vermutlich zu mehr Organspenden führen, weil, so die Annahme, viele Menschen träge sind und sich nicht weiter darum kümmern.

Was ist daran problematisch?

Der Einzelne hätte zwar die Entscheidungsfreiheit, aber die Voreinstellung wird mit dem Wissen und der Absicht eingeführt, dass viele ihre Freiheit zu entscheiden aus Trägheit gar nicht wahrnehmen. Das halte ich für problematisch, denn so wird eine Schwäche des Menschen gezielt ausgenutzt. Entscheidungsfreiheit existiert hier zwar nominell – aber tut sie das auch in der Wirklichkeit?

Was wäre Ihre Alternative?

Aktives Entscheiden! Es gibt viele Situationen, in denen Menschen zu ihrer Organspendebereitschaft befragt werden könnten: zum Beispiel bei der Ausgabe des Personalausweises oder eines Passes.

Oder die Regelung könnte bleiben wie sie ist – und der Staat investiert noch deutlich mehr in Informationskampagnen, um Menschen eine informierte Entscheidung in Anbetracht der Umstände einer Organspende zu ermöglichen.

Hilft es beim Entscheiden, Pro-und-Contra-Listen anzulegen?

Aus der Forschung vermuten wir, dass Listen dann hilfreich sein können, wenn noch unklar ist, welches potenzielle Gründe sind und wie wichtig sie sind. Der Prozess des Aufschreibens kann dann dabei helfen, zu einer intuitiven Bewertung der Gründe zu gelangen: Ratio und Emotion ergänzen sich.

Oft heißt es auch, man solle über eine Entscheidung schlafen.

Es muss nicht unbedingt Schlaf sein – Sie können auch ins Kino gehen, sich ablenken, ein wenig Zeit verstreichen lassen. Es geht darum, Emotionen abklingen zu lassen.

Im Affekt zu entscheiden ist oft nicht hilfreich, weil sich die Hierarchie der gewichtigen Entscheidungsgründe häufig noch ändert, nachdem die erste Gemütswallung erst einmal abgeebbt ist. Eine gewisse Zeit des „Abkühlens“ ist zum Beispiel auch beim Verfassen von E-Mails sinnvoll, die man in Erregung manchmal allzu rasch schreibt

KRITIK

Bei der geplanten Neuregelung der Organspende wird die menschliche Bequemlichkeit ausgenutzt, sagt Hertwig

»Die Idee von Minister Spahn, jeden fast automatisch zum Organspender zu machen, halte ich für problematisch«

und über deren Versenden man sich im Nachhinein ärgert.

Wie gehen Sie selbst mit kleinen oder großen Entscheidungen um?

Als Wissenschaftler betrachte ich mich oft von außen, schaue mir gewissermaßen beim Entscheiden zu. Und frage mich, welche Heuristik ich gerade anwende. Auf welche Weise ich also versuche, die Komplexität meiner Möglichkeiten zu reduzieren.

Ich hatte in Restaurants früher oft Mühe, mich angesichts umfangreicher Speisekarten für ein Gericht zu entscheiden. Daher wanderte mein Blick immer wieder zu den Tellern der anderen Gäste. Inzwischen setze ich das gezielt ein: Ich ignoriere die Speisekarte und lasse mich von dem, was andere gewählt haben, inspirieren.

Oder ich frage die Bedienung – nicht, was sie mir empfiehlt, sondern was sie selbst essen würde. Damit mache ich gute Erfahrungen: Ich grübele nicht mehr über die Speisekarte und kann mich stattdessen unterhalten.

Haben Sie auch Fehlentscheidungen getroffen, die Sie bereuen?

Kleine Entscheidungen, etwa die Wahl eines Urlaubsortes, bedauere ich eigentlich nie. Mir reicht es, wenn ich sagen kann: Hier ist es schön genug.

Reue kenne ich eher im Bezug auf größere Lebensentscheidungen. Und da zeigt uns die Forschung: Wir bedauern eher jene Dinge, die wir nicht getan haben, als jene, für die wir uns entschieden haben.

Ist das ein Appell zu mehr Mut bei wichtigen Entscheidungen?

Das gilt auf jeden Fall für Menschen, die sich oft gegen etwas entscheiden und einfach den Weg wählen, der übrig bleibt, ohne wirklich mit dem Herzen dabei zu sein.

Um herauszufinden, wofür man brennt, empfehle ich folgende Heuristik: Setzen Sie sich bei einer schwierigen Entscheidung mit Ihrem zukünftigen Selbst an einen Tisch und fragen Sie es: Wir sind jetzt im Jahr 2029 – sag mal, war das damals 2019 eigentlich eine gute Entscheidung?

Das kann einem eine ganz neue, zusätzliche Perspektive verschaffen. Und so die Entscheidung erleichtern. ‹

»Sei offen für das Widersprüchliche«

Samuel Finzi, 53, Schauspieler, Berlin

Je schlimmer, desto besser", sagt mein Vater oft, wenn etwas schiefgeht. Und erklärte mir diesen Gedanken einmal so: Es gibt eigentlich keine Situation im Leben, der sich nicht auch etwas Gutes abgewinnen lässt. Man darf sich nur nicht zu sehr an seine Erwartungen klammern. Denn je größer der Rückschlag ist, desto eher eröffnen sich einem neue Perspektiven – Wege, die zuvor vielleicht völlig unsichtbar waren.

Diese Grundhaltung meines Vaters habe ich mir selbst früh zu eigen gemacht. Als junger Schauspieler wollte ich beispielsweise unbedingt aus meinem Heimatland Bulgarien nach Frankreich übersiedeln. Doch ich fand einfach keinen Weg dorthin, kein französisches Theaterprojekt. Um wenigstens etwas zu haben, ging ich nach Berlin – obwohl ich gar kein Deutsch sprach.

Und statt weiter nach Frankreich zu streben, ließ ich mich ganz auf die Arbeit mit dem Theaterregisseur Dimiter Gotscheff ein, ebenfalls ein gebürtiger Bulgare. Er vermittelte mir ein neues Verständnis von Schauspielerei und eröffnete mir ungeahnte Möglichkeiten auf der Bühne.

Heute bin ich in ganz Deutschland ein gefragter Schauspieler – nicht trotz, sondern wegen meiner eigenen Sprachmelodie, die vielen meiner Figuren eine besondere Färbung verleiht.

„Was du machen kannst, kannst du auch lassen": Das hat mir mal mein Schauspieler-Kollege Josef Bierbichler gesagt. Noch so ein Spruch, der erst einmal widersinnig klingt. Ich verstehe ihn so, dass ich nicht alles, was ich beherrsche, in meiner Darstellung einer Figur auch zeigen muss. Das ist viel zu effekthascherisch, zu einfach.

Oft ist es viel besser, etwas bleiben zu lassen, auch wenn man anders könnte. Sich in seinen Ausdrucksmitteln zu reduzieren, auch mal etwas ungesagt zu lassen. So bewahrt eine Figur im Film oder auf der Bühne ihr Geheimnis, ihre Vieldeutigkeit. Ihre Freiheit.

Ich finde, das passt gut zu der Offenheit, die mein Vater mit seinem Ausspruch meint. Und es liegt der gleiche Witz darin, die gleiche Ironie. Ohne Humor ist nämlich der beste Rat nichts wert.

ein rat,
der mir geholfen hat

PROTOKOLLE:

Olaf **Tarmas**

Wer an einem Wendepunkt steht und nicht weiß, welchen Weg er einschlagen soll – dem können ernst gemeinte Ratschläge helfen. Sieben Frauen und Männer erzählen, welche Maxime ihnen eine Entscheidung erleichtert hat – und sie weiter durchs Leben leitet

»Tu's gleich«

Kathrin Fischer, 45, Manufakteurin, Hamburg

Wenn ich als Kind eine unangenehme Aufgabe vor mir hatte, bekam ich von meiner Großmutter immer den gleichen Satz zu hören: „Tu's gleich!". Manchmal habe ich mich nicht daran gehalten und die Hausaufgaben oder das Klavierüben den ganzen Tag über vor mir hergeschoben. Damit fühlte ich mich meistens unwohl. Wenn ich aber ihre Worte beherzigte und wirklich Dinge gleich machte, war ich frei und konnte den Tag genießen.

Vor ein paar Jahren habe ich dann die Tagebücher meines Großonkels gelesen, der im Zweiten Weltkrieg gefallen ist. Dem letzten Band waren Worte vorangestellt, die mir sehr vertraut waren: „Tue es gleich", stand da in schöner, geschwungener Handschrift, versehen mit dem Zusatz: „Es könnten Zeiten kommen, die es unmöglich machen."

Schlagartig wurde mir klar, wie anders mein Großonkel diese Worte gemeint hatte. Plötzlich sagten sie nicht mehr „Bringe es hinter dich!", sondern „Nutze eine Gelegenheit, bevor es zu spät ist!". Tatsächlich bricht das Tagebuch meines Großonkels nur wenige Seiten später ab, nach seiner Verlegung an die Front.

So praktisch ich den Ratschlag meiner Großmutter auch heute noch finde: Es ist die Interpretation meines Großonkels, die mich tiefer berührt. Sie hat mir klargemacht, wie endlich das Leben ist. Das Leben auskosten, und auch einmal Eingebungen zu folgen, anstatt lange abzuwägen – das beherzige ich, so gut ich kann.

Einmal vermietete ich innerhalb von einer Woche meine Hamburger Wohnung unter, übergab meinen Laden an meine Mitarbeiter und suchte mir ein WG-Zimmer in Berlin – einfach, um auszuprobieren, wie das Leben sich anderswo anfühlt.

Ich genoss es, mich treiben zu lassen und lebte die Momente, ohne einen Plan zu verfolgen.

Inzwischen bin ich wieder nach Hamburg zurückgezogen – aber die Worte meiner Familie helfen mir bis heute, immer mal wieder mein Herz über die Hürde zu werfen.

»Achte nicht auf die Regeln«

Helmut Ziegler, 61, Schriftsteller, Hamburg

Einen Roman schreiben, das war immer ein Traum. Als Jugendlicher las ich viel, später studierte ich Germanistik, wurde Literaturredakteur. Aber es waren nur Annäherungen, wie bei einem Bankangestellten an der Kasse, der sich einen Bankraub ausmalt. Bei meinem Großvater, auch bei meinen Eltern hatte ich erlebt, wie Lebensträume durch Krieg oder Konvention unmöglich wurden.

Weil ich in einer friedlicheren Welt lebte, beschloss ich, mir systematisch das Handwerk des Romanschreibens beizubringen. Pflügte mich durch Ratgeber von Schriftstellern, von Lektoren, von Professoren.

Und fand vor allem zahllose Vorschriften: „Beginne nie mit einer Rückblende!", „Adjektive sind deine Feinde!", „Im Dialog kommt das stärkste Wort so spät wie möglich!", „Unerfüllte Sehnsucht ist das Fundament der Handlung!"

Ich las und las und wurde immer ratloser, immer wütender. Überall Zäune, überall Gesetze! Vielleicht kam ich mit meinen Romanideen deshalb nie über die ersten zehn Seiten hinaus.

Dann stieß ich auf ein Zitat des britischen Schriftstellers William Somerset Maugham: „Es gibt drei Regeln, wie man einen Roman schreibt. Unglücklicherweise weiß niemand, wie sie lauten."

Dieser Spruch, so lustig er klingen mag, wirkte befreiend: Wenn schon dieser Klassiker die Regeln ignorierte, einer der meistgelesenen englischsprachigen Autoren des 20. Jahrhunderts, durfte ich es vielleicht auch.

Der Satz trug mich über die Monate, in denen ich zum ersten Mal mit einer Romanidee vorankam. Er war Anschub und ermöglichte mir die Freiheit der Selbstermächtigung.

Inzwischen ist der zweite Roman in Arbeit. Fühlt sich ganz gut an.

»Kenne deine Ziele«

Thomas Bühner, 56, Sternekoch, Osnabrück

Als ich nach der Schule einen Eignungstest machte, kreuzte ich alle Fragen so an, dass ich Polizeibeamter werden würde, wie ich glaubte. Stattdessen kam „Landwirt“, „Bäcker“ oder „Koch“ als Empfehlung heraus. Ich folgte diesem Rat und beschloss, Koch zu werden – nicht irgendein Koch, sondern ein exzellenter Sterne-Küchenchef. Meinem Vater missfiel das. „Junge, lass die Hirngespinste!“, mahnte er liebevoll, aber bestimmt: „Mach was Vernünftiges.“

Doch sein Ratschlag stachelte meinen Ehrgeiz nur umso mehr an. In einer trotzigen „Jetzt-erst-recht“-Stimmung begann ich, meine Ziele in der Gastronomie genauer abzustecken.

Ich weiß seither: Je klarer man seine Ziele definiert, desto eher ist man in der Lage, Entscheidungen zu treffen und sich auch von Rückschlägen nicht unterkriegen zu lassen. Zum Beispiel von schlechten Kritiken: Mein erstes Restaurant kam in einem vielgelesenen Gastronomieführer anfangs gar nicht gut an.

Das war wie eine Ohrfeige für mich – die mich, wie zuvor der Rat meines Vaters, aber nur umso mehr anspornte. Ich wollte es den Kritikern beweisen: Ich kann ein erfolgreicher, exzellenter Koch sein! Im Laufe der Jahre ist mir das tatsächlich gelungen.

Mein Restaurant wurde 2011 mit drei Sternen ausgezeichnet. Gleichwohl musste ich es 2018 schließen, weil der Eigentümer sich nicht mehr in der Gastronomie engagieren wollte. Beim Nachdenken darüber, was ich als Nächstes machen will, leitet mich meine alte Maxime: Auch jetzt werde ich damit beginnen, meine Ziele abzustecken, so sorgfältig, wohlüberlegt und klar wie nur möglich. Noch ist nichts spruchreif – aber vielleicht muss ich gar nicht mehr jeden Tag selbst am Herd stehen, sondern arbeite eher konzeptuell und beratend.

Vielleicht wird auch dann wieder jemand skeptisch sein und mir abraten. Aber meine Erfahrung sagt mir: Nichts ist so hilfreich wie ein falscher Ratschlag.

PATHOLOGIE
Cytopathology of Infectious Diseases
Jürgen Schubert
GASTROENTEROLOGISCHE ZYTOPATHOLOGIE
Jürgen Schubert, Michael Ecke
PNEUMOLOGISCHE ZYTOPATHOLOGIE
Fine Needle Aspiration Cytology
KOSS' DIAGNOSTIC CYTOLOGY
AND ITS HISTOPATHOLOGIC BASES
KOSS' DIAGNOSTIC CYTOLOGY
AND ITS HISTOPATHOLOGIC BASES

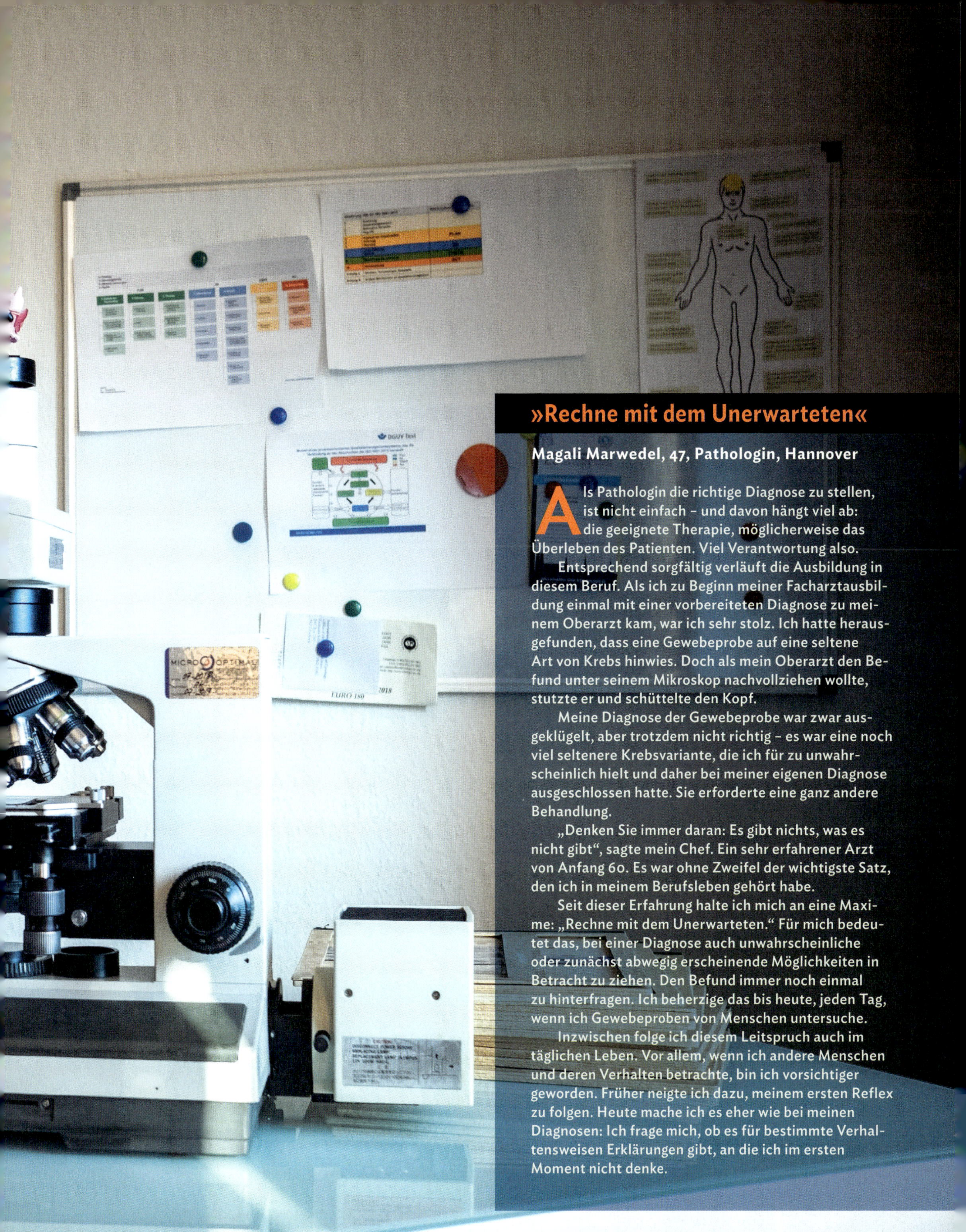

»Rechne mit dem Unerwarteten«

Magali Marwedel, 47, Pathologin, Hannover

Als Pathologin die richtige Diagnose zu stellen, ist nicht einfach – und davon hängt viel ab: die geeignete Therapie, möglicherweise das Überleben des Patienten. Viel Verantwortung also.

Entsprechend sorgfältig verläuft die Ausbildung in diesem Beruf. Als ich zu Beginn meiner Facharztausbildung einmal mit einer vorbereiteten Diagnose zu meinem Oberarzt kam, war ich sehr stolz. Ich hatte herausgefunden, dass eine Gewebeprobe auf eine seltene Art von Krebs hinwies. Doch als mein Oberarzt den Befund unter seinem Mikroskop nachvollziehen wollte, stutzte er und schüttelte den Kopf.

Meine Diagnose der Gewebeprobe war zwar ausgeklügelt, aber trotzdem nicht richtig – es war eine noch viel seltenere Krebsvariante, die ich für zu unwahrscheinlich hielt und daher bei meiner eigenen Diagnose ausgeschlossen hatte. Sie erforderte eine ganz andere Behandlung.

„Denken Sie immer daran: Es gibt nichts, was es nicht gibt“, sagte mein Chef. Ein sehr erfahrener Arzt von Anfang 60. Es war ohne Zweifel der wichtigste Satz, den ich in meinem Berufsleben gehört habe.

Seit dieser Erfahrung halte ich mich an eine Maxime: „Rechne mit dem Unerwarteten.“ Für mich bedeutet das, bei einer Diagnose auch unwahrscheinliche oder zunächst abwegig erscheinende Möglichkeiten in Betracht zu ziehen. Den Befund immer noch einmal zu hinterfragen. Ich beherzige das bis heute, jeden Tag, wenn ich Gewebeproben von Menschen untersuche.

Inzwischen folge ich diesem Leitspruch auch im täglichen Leben. Vor allem, wenn ich andere Menschen und deren Verhalten betrachte, bin ich vorsichtiger geworden. Früher neigte ich dazu, meinem ersten Reflex zu folgen. Heute mache ich es eher wie bei meinen Diagnosen: Ich frage mich, ob es für bestimmte Verhaltensweisen Erklärungen gibt, an die ich im ersten Moment nicht denke.

»Suche nach Verbündeten«

Stefan Jakubik, 51, Marketingleiter, Celle

Die Entscheidung meiner Frau, sich von mir zu trennen und mit einem anderen Mann zusammenzuleben, traf mich völlig unerwartet. Meine erste Reaktion: Ich muss sie umstimmen. Doch wie? Ich fühlte mich hilflos und suchte Rat bei einem gemeinsamen Freund. Er war Pastoralreferent in der katholischen Kirche und hatte uns schon bei unserer Hochzeit geholfen. Jetzt sollte er uns wieder zusammenbringen.

Doch sein Rat fiel ganz anders aus, als ich erwartet hatte. Er legte mir eine ehrliche, ja schonungslose Bestandsaufnahme meiner Situation nahe – sowohl meiner Ehe, als auch der Aussichten, sie zu retten. Er machte mir keine Hoffnungen und versuchte auch nicht, mich zu trösten. Ich hörte das nicht gern, aber ich hatte mich ja gerade deshalb an ihn gewandt: Ich kannte ihn als einen guten Zuhörer, begabt mit einem analytischen Blick und der Fähigkeit, auch unangenehme Wahrheiten so auszusprechen, dass ich sie akzeptieren konnte.

Er riet mir, mich meinen Gefühlen zu stellen und sie zu erforschen. Was war da: Wut? Trauer? Eifersucht?

Und dann sagte er noch: Anstatt weiterhin das Unmögliche zu versuchen – also meine Frau zurückzugewinnen –, sollte ich lieber die Initiative bei den Dingen zurückgewinnen, auf die ich Einfluss hatte. Wörtlich sagte er: „Such dir Verbündete, sammle deine Truppen, gestalte dein Leben!“

Er hatte recht, wie ich allmählich merkte. Die Entscheidung meiner Frau war eindeutig – und ich hatte nur meine Wut. Deshalb sprach ich viel mit Freunden und Kollegen, die Ähnliches durchgemacht hatten, besorgte mir rechtlichen Beistand und beantragte schließlich sogar selbst die Scheidung.

Am Abend nach dem offiziellen Scheidungstermin vor Gericht tat ich etwas, was ich mir kurz zuvor nicht hatte vorstellen können: Ich feierte eine „Trennungsparty“ – und erlebte, dass ich nicht alleine war.

»Es erfordert Mut – aber du kannst immer umkehren«

Alfons Hörmann, 58, Unternehmer und Präsident des Deutschen Olympischen Sportbundes

In meiner Zeit als Vorstandsvorsitzender einer großen Baustofffirma haben wir einmal 20 Millionen Euro in ein Dachziegelwerk investiert. Es ging um eine neue Fertigungstechnik, von der wir uns viel versprachen. Doch nachdem das Werk einige Wochen lief, mussten wir uns eingestehen, dass die Technik noch nicht ausgereift war. Wir haben es kurzzeitig stillgelegt, die neuen Maschinen teilweise wieder ausgebaut – und dann noch einmal in eine altbewährte Technik investiert.

Das war weder angenehm noch erfreulich, aber es war, langfristig gesehen, doch die richtige Entscheidung. Ein solcher Entschluss ist deshalb so schwer, weil man ihn zu einem Zeitpunkt treffen muss, an dem schon sehr viel Zeit, Kraft und oft auch Geld investiert worden ist.

Doch das Leben hat mich gelehrt, dass ich einmal eingeschlagene Wege nicht fortsetzen muss. Darin bestärkt hat mich Reinhold Messner, der als Bergsteiger Großartiges vollbracht hat, weil er eben in wegweisenden Situationen verantwortungsvoll gehandelt hat – und sich nicht scheute, Expeditionen abzubrechen.

Unweigerlich entstehen so Enttäuschung und Frustration – nicht nur bei einem selbst, sondern bei allen, die davon betroffen sind. Zudem werden solche Entscheidungen oft ausschließlich als das Eingeständnis von Versagen, als ein Scheitern betrachtet.

In der Welt des Spitzensports gilt das noch einmal in besonderer Form. In einer öffentlichen Diskussion – etwa über das Scheitern einer Olympiabewerbung – überlagert die Suche nach den verantwortlichen Personen oft alles andere. Das hat fatale Folgen: Viele Menschen mit Verantwortung üben ihr Amt übervorsichtig aus, um bloß nichts falsch zu machen.

Menschlich ist das verständlich. Aber besser wäre es, wenn wir zu einem Umgang mit schwierigen Entscheidungen und dadurch natürlich auch Fehlentscheidungen finden würden, der nicht nur schwarz-weiß urteilt, nur oberflächlich Erfolg und Misserfolg unterscheidet. Sondern auch den Mut würdigt, den es braucht, Neues zu wagen, aber auch rechtzeitig einen Fehler einzugestehen – und umzukehren. ◂

Mit welchem Menschen wir das Bett teilen, ist keine Frage der Vernunft. Denn bei der Partnerwahl geben vor allem unbewusste Prägungen den Ausschlag. Studien zeigen etwa: Frauen, die sich in der Kindheit gut mit ihrem Vater verstanden haben, bevorzugen oft Partner, die ihrem Erzeuger in bestimmten Merkmalen ähnlich sehen

wie paare sich finden

TEXT:

Ute **Eberle**

•

FOTOS:

Hayley **Austin**

Was entscheidet darüber, ob sich zwei Menschen zueinander hingezogen fühlen? Wie funktioniert die Kunst des Kennenlernens? Und welche Paare passen am besten zusammen?

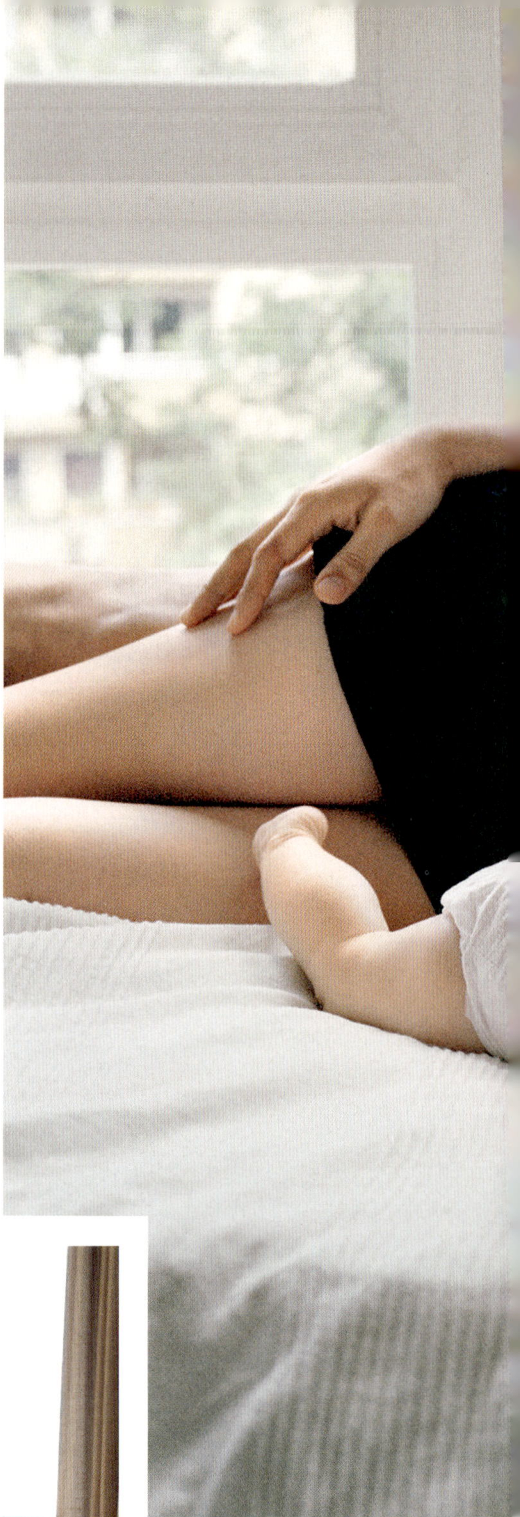

E

Es ist eine der folgenreichsten Entscheidungen, die wir im Leben treffen: die Wahl eines Partners, dem wir uns ganz öffnen, mit dem wir Sex haben wollen, Erlebnisse, Gedanken und Emotionen teilen möchten. Im Ehegelübde vor dem Standesamt oder dem Altar wird diese Entscheidung besonders offenkundig – mit einem hörbaren, bewussten „Ja“ bekennen wir uns dazu.

Doch ganz gleich, ob mit oder ohne Eheversprechen: der Weg zur Partnerwahl ist oft weitaus weniger rational, als wir glauben wollen. Der wesentliche Grund: Wenn wir jemanden kennenlernen, können wir das Geschehen viel weniger lenken, als uns bewusst ist – und lieb wäre.

Vielmehr folgt die Entscheidung für einen Liebespartner – vor allem anfangs – bis heute uralten biologischen Mechanismen und Strategien. Körper und Psyche agieren zum Teil ohne unser bewusstes Zutun, lenken unsere Aufmerksamkeit, unser Urteil und unser Verhalten.

Immerhin aber ist es Forschern in den letzten Jahren gelungen, ein wenig Licht zu bringen in die verborgenen Rituale der Beziehungssuche. Sie haben Tausende Gesichter und Taillen vermessen, sie haben Moleküle und Gene analysiert, Reaktionen im Reagenzglas und im Gehirn von Probanden verfolgt – und dabei äußerst verblüffende Zusammenhänge aufgedeckt.

Oft müssen sich die Wissenschaftler bei ihrer Arbeit verbergen, denn sie dürfen nicht entdeckt werden.

Ein Verhaltensforscher etwa benutzt eine spezielle Kamera, die im 90-Grad-Winkel um die Ecke filmt: So merken die Objekte seiner Neugier nicht, dass er sie beobachtet.

Andere Wissenschaftler setzen sich in Bars und Clubs, wo sie unauffällig das Verhalten der Menschen beobach-

Forscher haben gemessen: Spätestens 18 Monate nach dem Kennenlernen endet die rauschhafte Phase der Liebe. Dann entscheidet sich, ob Paare in der Lage sind, wahre Nähe zu schaffen

Bestimmte körperliche

Attribute

offenbaren, ob ein Partner über gute Gene verfügt

ten, bisweilen gar die Stimmen von Männern und Frauen aufzeichnen. So können die Experten später untersuchen, wie sich Klang und Intonation verändern, wenn zwei Menschen einander näherkommen. Oder sie studieren, was in den Gesichtern von Paaren geschieht, die sich erstmals küssen.

Voyeuristisch, ja bisweilen schamlos muten diese Untersuchungen an, doch mit ihren Studien wollen die Forscher eine tief greifende Frage beantworten, auf der letztlich das Schicksal der Menschheit beruht: Wie finden sich Paare? Welche Faktoren entscheiden, ob es funkt zwischen zwei Menschen, die sich zum ersten Mal begegnen?

Gibt das Timbre der Stimme den Ausschlag, betört die Art, sich zu bewegen, oder ist es vielleicht der Geruch, der bewirkt, dass sich zwei Menschen zueinander hingezogen fühlen?

Herausgekommen ist bei alledem unter anderem, dass das Verhalten von Menschen beim Kennenlernen erstaunliche Ähnlichkeiten zu einem Verhalten aufweist, das überall in der Tierwelt zu beobachten ist. Vögel und Fische, Käfer und Kraken, Hirsche und Eidechsen balzen. Wir Menschen nennen es nur anders, wenn wir um die Gunst eines anderen buhlen: flirten.

Fast jede Beziehung, vom flüchtigen Abenteuer bis zur langjährigen Ehe, beginnt mit einem Flirt. Mit einer Phase also, in der zwei Menschen – von denen zumindest einer sexuelles Interesse am anderen hat – Kontakt aufnehmen und einander auskundschaften.

Die beiden tauschen Blicke aus, beginnen eine Unterhaltung, fassen sich spielerisch an. Es ist ein Tanz aus lustvollem Annähern und zögerlichem Abwarten, ein Aufschaukeln von zunächst doppeldeutig auslegbaren Gesten, Komplimenten, Berührungen hin zu eindeutigem Verhalten.

Was zunächst unverfänglich gemeint sein kann – etwa kurz die Hand auf den Arm des Gegenübers zu legen –, wandelt sich mehr und mehr zu zweifelsfreien Bekundungen körperlichen Interesses, zum Beispiel, wenn einer der Flirtenden unter dem Tisch sein Knie gegen das des anderen drückt.

Nur manchmal führt ein solcher Kontakt binnen kurzer Zeit zu einer leidenschaftlichen Affäre. In den meisten Fällen verharren die beiden Beteiligten im Ungefähren, oft über Wochen.

So kommt es, dass das Werben um einen Partner viele Menschen frustriert. Sie glauben, nicht zu wissen, wie man auf andere zugeht, fühlen sich ratlos dabei, wie sie jemanden für sich gewinnen sollen. Andere dagegen – vermeintliche Meister des Flirtens – verkaufen millionenfach Bücher oder bieten Seminare an, in denen sie versprechen, zu enthüllen, wie man mithilfe von ein paar Tricks erfolgreich anbändelt.

Doch sowohl jene Menschen, die davon überzeugt sind, sie könnten nicht flirten, als auch angebliche Experten, die Kontaktstrategien mit Erfolgsgarantie zusichern, liegen falsch.

> **Ob uns jemand attraktiv erscheint, bestimmen unter anderem auch das Verhalten und die Gesten**

Natürlich: Es gibt durchaus Methoden, mit denen man die Aufmerksamkeit anderer erregen kann. Forscher haben in Studien herausgefunden, dass eine Frau auf Männer in der Regel besonders interessant wirkt, wenn sie ein rotes Kleid oder eine rote Bluse trägt. Oder dass sich für Frauen die Attraktivität eines Mannes erhöht, wenn er bereits eine Gefährtin an seiner Seite hat.

Beide Phänomene haben sich bereits tief in der Stammesgeschichte des Menschen entwickelt. So bevorzugen viele Affen in der Regel jene Artgenossen als Partner, deren Fell oder Haut rötlicher ist als das der anderen.

Und bei ganz unterschiedlichen Spezies, von der Wachtel bis zu Guppy-Fischen, entwickeln weibliche Tiere eine Vorliebe für bereits vergebene Männchen. Der Grund: Hat ein Mann schon ein Weibchen erobert, ist er mit hoher Wahrscheinlichkeit ein tauglicher Partner.

Gerade diese Faktoren offenbaren aber auch, dass jeder Flirt im Kern ein biologischer Prozess ist: ein unbewusster Vorgang, der sich nur in Grenzen beeinflussen lässt.

Zwar können Einfühlungsvermögen, Offenheit und rhetorisches Geschick einem helfen, Fremde anzusprechen und in ein erstes Gespräch zu verwickeln.

Doch ob sich zwei Menschen schließlich so weit zueinander hingezogen fühlen, dass sie sich sexuell aufeinander einlassen, hängt auch von verborgenen Mechanismen ab.

Von Vorgängen, die quasi völlig automatisiert ablaufen.

Denn sobald wir einen potenziellen Sexpartner treffen, folgen wir angeborenen Verhaltensmustern. Wir prüfen unser Gegenüber weniger mit unserem Verstand als vielmehr mit den fünf Sinnen. Erst mit den Augen, den Ohren, unserer Nase; dann fühlen wir die Haut des anderen, schließlich berühren wir ihn mit den Lippen, schmecken ihn.

Wohin ein Flirt führt, wie das erste Kennenlernen endet, entscheidet sich daher oft auf eine Weise, die uns gar nicht bewusst ist.

Meist ist es ein Blick, der den Auftakt macht. Ein Mann oder eine Frau betreten einen Raum und schauen sich um. Unwillkürlich, gleichsam instinktiv ordnet er oder sie die Anwesenden allein aufgrund ihres Erscheinungsbildes zwei Kategorien zu: attraktiv oder sexuell uninteressant.

Darüber, wie dieses Urteil ausfällt, entscheidet – zum Teil jedenfalls – die individuelle Biografie. So zeigen Studien: Frauen, die sich als Kind gut mit ihrem Vater verstanden haben, fühlen sich oft reflexhaft zu Männern hingezogen, deren Gesichter in bestimmten Merkmalen dem ihres Vaters ähneln.

Mehr noch als persönliche Vorlieben aber bestimmen offenbar universelle, für alle Menschen gültige Kriterien, wer uns begehrenswert erscheint.

So gelten in ganz unterschiedlichen Kulturen Individuen mit bestimmten Merkmalen als anziehend. Schönheit ist, wie Attraktivitätsforscher herausgefunden haben, in gewisser Weise objektiv messbar, ja sie lässt sich zum Teil sogar mathematisch bestimmen.

So gibt es zum Beispiel eine Zahl, die die weibliche Idealfigur beschreibt: 0,7. Das bedeutet: Beträgt die Taille einer Frau 70 Prozent des Hüftumfangs, finden Männer dies in der Regel erregend. Dabei spielt es kaum eine Rolle, ob die Frau eher füllig ist oder schlank.

Man könnte vermuten, dass die Beliebtheit derartiger Konturen auf Gewöhnung beruht: Schließlich werden wir in den Medien permanent mit

Körper an Körper empfinden Menschen regelrechte Glücksgefühle. Verantwortlich dafür sind bestimmte Botenstoffe, die bei Berührungen emotionale Bande verstärken

Der weibliche Sinn für männliche Schönheit unterliegt Schwankungen: Je nach Zyklusphase bevorzugen Frauen mal eher dominante, mal eher weniger maskuline Partner

Frauenkörpern konfrontiert, die entsprechend aussehen.

Doch selbst blinde Männer, die noch nie ein Zeitschriftencover oder einen Werbespot gesehen haben, empfinden Frauenkörper mit einem Taille-Hüften-Verhältnis von 0,7 (das sie ertastet haben) als besonders erotisch.

Männer scheinen also von Natur aus darauf programmiert, ausladende Hüften zu begehren.

Der biologische Grund: Die verführerischen Rundungen sind zumeist ein verlässliches Zeichen sexueller Reife und Fruchtbarkeit. Überschreitet eine Frau dann die Menopause, ist ihre Statur meist weniger kurvenreich.

Begehrenswert erscheinen Männern zudem Frauen, die symmetrische Gesichter mit einer hohen Stirn, ausgeprägten Wangenknochen, einer kleinen Nase und vollen Lippen haben.

Auch straffe Haut, glänzendes Haar und große Brüste machen sie für Männer reizvoll.

Denn all diese Attribute weiblicher Attraktivität signalisieren potenziellen Partnern, dass ihr Gegenüber besonders gesund ist, über gute Gene und ausreichend viele Östrogene verfügt (Geschlechtshormone, die den weiblichen Körper unter anderem auf eine Schwangerschaft vorbereiten).

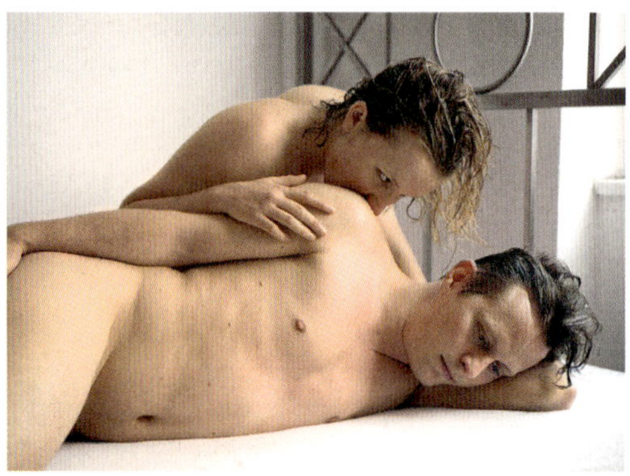

Der Körpergeruch des Partners gibt vielfältige Informationen preis: etwa darüber, wie sein Immunsystem beschaffen ist

Etwas weniger starr definiert ist, was Männer in den Augen von Frauen begehrenswert macht. Generell gilt: Wer groß ist, eine schlanke Taille und breite Schultern hat, ist klar im Vorteil – offenbar weisen diese Eigenschaften auf einen ausgesprochen vorteilhaften Genmix hin.

Erstaunlich ist jedoch, wie sehr der weibliche Sinn für männliche Schönheit Schwankungen unterliegt.

Forscher haben herausgefunden: Befindet sich eine Frau in der Mitte ihres Menstruationszyklus (rund um den Eisprung also, wenn sie empfängnisbereit ist), bevorzugt sie meist ausgesprochen maskuline Männer mit kräftigen Augenbrauen, breitem Kiefer und markantem Kinn. Denn das sind Attribute, die auf einen hohen Testosteronspiegel schließen lassen, also darauf, dass der mögliche Partner vermutlich kräftige Nachkommen zeugen wird.

Allerdings führt ein Mehr an Testosteron auch dazu, dass ein Mann besonders dominant ist – und sexuell umtriebig. Studien legen nahe, dass sehr maskulin wirkende Männer überdurchschnittlich interessiert sind an flüchtigen sexuellen Abenteuern.

Das bedeutet: Im Hinblick auf ihre Gene mögen solche Männer gute Erzeuger sein, nicht jedoch gute Väter, wenn es um Verlässlichkeit geht wie etwa beim zeitintensiven und Fürsorge bedürfenden Großziehen eines Babys.

Dies aber ist ein Makel, der Frauen während ihrer fruchtbaren Tage nicht zu stören scheint. Im Gegenteil: Er reizt sie womöglich.

Denn nicht zuletzt geben sich Frauen in dieser Phase ihres Zyklus selber besonders aufgeschlossen für Sex: Sie tragen, wie Untersuchungen belegen, Kleidung, die mehr Haut als sonst zeigt; flirten ausgiebiger und denken häufiger an einen Seitensprung.

Im Rest des Monats bevorzugen sie bei einem Mann dagegen weichere, etwas femininere Gesichtszüge – Konturen also, die nahelegen, dass nicht ganz so viel Testosteron durch den Körper ihres Partners fließt. Und dass dieser damit möglicherweise auch weniger umtriebig, dafür aber verlässlicher ist.

Nimmt eine Frau die Antibabypille, scheint Studien zufolge diese Präferenz für den Verlässlichkeit signalisierenden Männertypus sogar in vielen Fällen dauerhaft zu sein. Denn ihre Hormone unterdrücken den natürlichen Eisprung – und schwächen so den wechselhaften Charakter des sexuellen Verlangens.

Lange wurde Frauen nachgesagt, dass sie sich bei der Partnerwahl zudem davon leiten lassen, wie reich ein Mann wirkt: ob er etwa eine edle Uhr trägt oder ein teures Auto fährt. Doch zumindest in modernen, industrialisierten Gesellschaften, in denen beide Geschlechter prinzipiell Karrieren machen können, geben solche Attribute heute seltener den Ausschlag.

Oft braucht es nur einen Augenblick, bis ein erstes Urteil gefällt, unsere Neugier angestachelt ist. Doch ob wir Erfolg beim Flirten haben oder nicht, ist keineswegs nur eine Frage äußerlicher Attraktivitätsmerkmale. US-Forscher haben vielmehr herausgefunden, dass die Chance auf einen Erstkontakt weit weniger von der körperlichen Erscheinung abhängt als viel eher vom richtigen Verhalten und von entsprechenden Gesten.

So werden einer Frau vor allem dann Avancen gemacht, wenn sie potenziellen Partnern zu verstehen gibt, dass sie für ein Kennenlernen offen ist.

Die Signale, die sie dabei aussendet, können ganz unterschiedlich sein: Vielleicht wirft sie einem Mann wiederholt Seitenblicke zu, streicht oder wirft auffällig häufig ihre Haare zurück und präsentiert dabei ihren Hals, zupft an ihrer Kleidung oder nestelt an der Halskette, streckt ihren Rücken und betont so ihr Dekolleté.

Forscher haben ermittelt: In bestimmten Situationen, etwa abends in einer Bar, senden Frauen zuweilen mehr als 70 solcher unbewusster Gebärden pro Stunde aus.

Nun folgt der nächste Schritt, und der – das zeigen Studien immer wieder – ist oft Sache des Mannes. Für viele Männer ist dies ein nervenaufreibender Moment, voller Zweifel und Unsicherheit: Habe ich die Gesten meines Gegenübers richtig gedeutet? Soll ich mich nähern? Wie könnte ich ein Gespräch beginnen?

Ein missglückter erster Satz macht alle Möglichkeiten oftmals jäh zunichte. Ebenso allzu simple Komplimente über Figur und Kleidung, mit denen Männer nicht selten zu punkten versuchen (unter anderem, weil ihnen in der Aufregung nichts Besseres einfällt).

Und auch wenn viele meinen, Humor wecke verlässlich Sympathien: Flirtforscher weisen darauf hin, dass witzige Bemerkungen zumindest bei der ersten, meist entscheidenden Kontaktaufnahme nicht ratsam sind. Die Gefahr besteht, dass das Gegenüber den Humor nicht teilt – und in Verlegenheit gerät: Wie soll man reagieren?

D

Doch nicht allein der Inhalt des Gesagten zählt. Auch Tonlage und Stimmfarbe beeinflussen die Gefühle des anderen. Experimente zeigen: Frauen finden fast durchweg tiefe Timbres reizvoll, Männer wiederum schätzen beim weiblichen Gegenüber vor allem hohe Stimmen mit gehauchtem Klang.

Im Laufe des Smalltalks vermag ein aufmerksamer Beobachter leicht zu bemerken, ob die Anziehung zwischen den Flirtpartnern weiter wächst. Denn ob wir wollen oder nicht: Begehren wir jemanden, neigen wir dazu, die Bewegungen des anderen nachzuahmen. Lehnt sie sich vor, tut er das ebenso. Greift er zum Glas, trinkt auch sie.

Ähnlich verräterisch wirken Intonation und Wortfluss. Männer, die versuchen, eine Frau (oder einen Mann) für sich zu gewinnen, reden schneller und leiser als solche, die mit einer platonischen Bekanntschaft sprechen. Sie stellen auch mehr Fragen.

Frauen wiederum legen beim Flirt mehr Modulation in ihre Stimme. Ihr Ton steigt höher und fällt tiefer als in Gesprächen mit Männern, die sie uninteressant finden.

In diesen ersten Momenten des Kontakts sondieren beide ihr Gegen-

Begehren zwei Menschen einander, neigen sie dazu, das Verhalten des anderen zu spiegeln

über darüber hinaus über einen weiteren Sinn: das Riechen.

Zunächst steigt zwei Flirtenden vermutlich der Duft eines Parfüms oder Aftershaves in die Nase. Diese Aromen sollen zumeist einem ganz bestimmten Zweck dienen: andere Menschen zu manipulieren. Wir möchten in den Nasen der anderen besser dastehen, sie sollen uns gut riechen können.

Allerdings kann diese Strategie auch fehlschlagen. Schließlich wecken Düfte nicht nur Sympathien: Was für den einen lieblich ist, kann der andere als penetrant empfinden. Möglich auch, dass wir nach einem Menschen riechen, der unser Gegenüber einmal enttäuscht hat. Dann stehen auch wir schlecht da.

Wer Parfüm nur dezent verwendet, der erlaubt dem Gegenüber zudem, den ganz eigenen, unverwechselbaren Körpergeruch kennenzulernen, die olfaktorische Visitenkarte. Denn der Geruch eines Menschen ist ebenso einmalig wie sein Fingerabdruck und gibt obendrein eine ganze Reihe grundlegender Informationen preis.

Die Empfindungen, die uns die Nase vermittelt, sind derart nuanciert, dass Männer vermutlich sogar erspüren können, ob ihr weibliches Gegenüber empfängnisbereit ist oder nicht.

Nehmen sie das Aroma einer Frau wahr, die sich in ihrem Zyklus rund um ihren Eisprung befindet, steigt der Spiegel an Sexualhormonen im Blut der Männer an, und sie bewerten die Person als besonders betörend – ein verblüffender Effekt, den US-Forscher mit einem Experiment in einem Stripteaselokal nachweisen konnten.

Sie protokollierten über einen mehrwöchigen Zeitraum, wie viel Trinkgeld die Tänzerinnen jeweils kassierten. Im Mittel waren es 264 Dollar während einer fünfstündigen Schicht. Doch in der Mitte ihres Zyklus schnellte der Verdienst sichtlich nach oben – auf durchschnittlich 354 Dollar.

Umgekehrt zeigten sich die Besucher des Nachtklubs weniger spendabel, wenn eine Stripperin ihre Periode hatte. Dann nahm sie gewöhnlich weniger als 200 Dollar ein.

Frauen wiederum sind fähig, über den Schweiß eines Mannes die genetische Beschaffenheit seines Immunsystems wahrzunehmen. Und sie ziehen offenbar Sexpartner vor, deren Immun-Gene den eigenen nicht allzu sehr ähneln. Aus evolutionärer Sicht erscheint dies sinnvoll: Wenn sich die Krankheitsabwehr von Vater und Mutter unterscheidet, erben die Nachkommen Immunbausteine von beiden und sind gegen mehr Erreger geschützt.

Ein Kuss enthält eine Vielzahl aufschlussreicher chemischer Botschaften, die wir unbewusst austauschen

Wie rasch sich nun im Verlauf eines Flirts zwei Menschen näherkommen, wie eilig sie körperlichen Kontakt zueinander suchen, ist höchst unterschiedlich. Manche ziehen es vor, zunächst eine gewisse Vertrautheit aufzubauen, bevor sie ihr erotisches Interesse offenbaren.

Andere flirten drauflos, senden kokette Signale mit ihrem Körper, provozieren eine erste flüchtige Berührung: Da stößt ein Knie leicht gegen das andere, streift ein Ellbogen den Unterarm des Gegenübers, drückt sich der Busen für einen kurzen Moment an die Schulter des möglichen Sexualpartners.

Das Kalkül, das diesen Gesten zugrunde liegt, beruht auf einem unter Wissenschaftlern weithin bekannten Phänomen: Körperkontakt verstärkt positive Emotionen gegenüber der anderen Person.

Selbst bei einer flüchtigen ersten Begegnung lässt sich dieser Effekt beobachten. Experimente haben beispielsweise gezeigt, dass Frauen eher geneigt sind, ihre Telefonnummer herauszugeben, wenn ihr Flirtpartner sie während des ersten Gesprächs leicht am Arm oder an der Schulter berührt hat.

Denn was wir physisch und was emotional fühlen, hängt stärker miteinander zusammen, als vielen bewusst ist. Mit bisweilen bizarr anmutenden Folgen: Treffen wir jemanden zum ersten Mal, kann es einen gewaltigen Unterschied machen, ob wir einen heißen oder kalten Kaffee in der Hand halten.

So unglaublich es klingt: In Versuchen hat sich erwiesen, dass allein die Temperatur des Getränks unsere Bewertung des Gegenübers färbt. Der heiße Kaffee lässt den anderen eher als warmherzig erscheinen; das Kaltgetränk dagegen führt zu einem weit nüchterneren Urteil.

Einen ähnlich erstaunlichen Übertragungseffekt konnten Forscher bei einem anderen Versuch nachweisen: Eine attraktive Frau führte eine belanglose Umfrage unter männlichen Passanten durch. Mal stand sie dabei auf einer niedrigen, festen Brücke, mal auf einem hohen, sanft schaukelnden Hängesteg. Stets gab sie den Männern ihre Telefonnummer – falls sie das Umfrageergebnis erfahren wollten.

Tatsächlich nutzten manche Männer dies als Vorwand, um erneut Kontakt aufzunehmen.

Doch griffen jene, die der Frau auf der Hängebrücke begegnet waren, viermal häufiger zum Telefon. Die Höhe und die empfundene Unsicherheit der schwankenden Brücke hatten ihre Körper in erhöhte Erregung versetzt: eine typische Reaktion auf alles, was angsteinflößend, mit Stress verbunden

Studien legen nahe, dass Männer am Geruch einer Frau sogar erspüren können, ob sie empfängnisbereit ist. Ihr weibliches Gegenüber bewerten sie dann als besonders betörend

oder aufregend ist. Die Männer schrieben den Grund für ihren inneren Aufruhr dagegen unbewusst der Frau zu. So fanden sie die Interviewerin plötzlich viel anziehender, als es sonst der Fall gewesen wäre. Wissenschaftler sprechen von „Erregungstransfer".

Forscher schätzen, dass jede siebte Liebesbeziehung mit einer derartigen Gefühlsverwechslung ihren Lauf nimmt – etwa weil die erste Verabredung in der Achterbahn auf dem Rummelplatz endet und das resultierende Kribbeln im Bauch fälschlicherweise als Verliebtheit gedeutet wird.

Der letzte Schritt in der Choreografie des Kennenlernens ist in aller Regel zugleich der aufregendste: der erste leidenschaftliche Kuss.

Während sich die Lippen und die Zungen zweier Menschen berühren, haben beide noch einmal ausgiebig Gelegenheit für eine sinnliche Bestandsaufnahme des Gegenübers.

Die Körper aneinandergepresst, riechen sie sich intensiv. Sie fühlen, ob die Lippen des anderen warm oder kalt, rau oder glatt, fest oder weich sind.

Sie spüren seine Zunge und schmecken dabei den fremden Speichel – ein Sekret, das viele charakteristische Substanzen wie Hormone oder andere Botenstoffe enthält.

In Bruchteilen einer Sekunde tauschen Küssende so unbewusst zahllose weitere Botschaften aus, etwa darüber, ob der Partner eher rabiat ist oder sinnlich, zurückhaltend oder begierig.

Welche Informationen genau sich einem Kuss entlocken lassen, ist bislang nicht verlässlich geklärt. Doch belegen Studien, dass viele bis dahin vielversprechende Flirts an dieser letzten Hürde, dem Lippenkontakt, scheitern.

Der Psychologe Gordon G. Gallup von der State University of New York befragte 180 Menschen zu ihren Beziehungserfahrungen und fand unter anderem heraus: Mehr als die Hälfte der Männer und fast zwei Drittel der Frauen hatten es schon erlebt, dass nach dem ersten Kuss die zuvor erlebte Erregung dahin war, ihr Interesse daraufhin umschlug in Ernüchterung.

Der leidenschaftliche Kuss zweier Menschen überlagert offenkundig sämtliche anderen bis dahin gesammelten Eindrücke: Nur wenn ein Flirt das gemeinsame Lippenbekenntnis übersteht, ist es wahrscheinlich, dass ein Paar bald darauf auch Sex haben wird.

Ob es nur für eine Nacht zusammenbleibt oder ob aus der leidenschaftlichen Begegnung eine dauerhafte Beziehung erwächst, hängt erneut von vielen verschiedenen Faktoren ab.

Ein Gefährte fürs Leben soll schließlich mehr bieten als lustvollen Sex: Er soll Verständnis zeigen, Spaß in den Alltag bringen, Halt geben und zugleich Freiräume lassen; er soll in die Lebensplanung passen, dabei helfen, gemeinsame Krisen zu meistern, Interesse an den eigenen Freunden zeigen. Den Etappen des Flirtens folgen somit viele weitere Phasen des gegenseitigen Prüfens.

D

Doch so gut die Forscher verstehen, nach welchen Mechanismen und biologischen Strategien, Ritualen und Verhaltensregeln Menschen einander näherkommen – eines bleibt ihnen noch immer verborgen: bei welchen Partnern der Funke letztlich überspringt.

Kein Computer und kein Algorithmus, kein Wissenschaftler und kein noch so erfahrener Paarspezialist kann vorab aus einer großen Menge von Personen treffsicher diejenigen auswählen, die sich zueinander hingezogen fühlen.

Zwar bieten heute Dating-Plattformen im Internet schier endlose Möglichkeiten, einander kennenzulernen und näherzukommen. Eigentlich müsste es daher leichter geworden sein, den richtigen Partner zu finden – und für sich einzunehmen.

Doch so vielfältig die Optionen auf dem Markt der Zweisamkeit dank des Internets inzwischen auch erscheinen mögen: Trifft man dann im echten Leben auf einen möglichen Partner – ist das Werben um den anderen nach wie vor ein zum Teil unbewusster Prozess.

Eine Entscheidung, die nicht zu kalkulieren ist.

kau

In seinem Projekt »Grande Distribuzione Organizzata« setzt der italienische Fotograf Giuseppe Pons die Gleichförmigkeit von Supermarktregalen in Szene. Der Titel spielt mit der Bezeichnung für das System der großen Einzelhandelsketten in Italien

TEXT:
Bertram **Weiß**, Maria **Kirady** und Stefan **Sedlmair**

FOTOS:
Giuseppe **Pons**

f mich!

Ständig müssen wir zwischen Marken, Preisen und Produkten wählen. Auf welcher Grundlage treffen wir die Entscheidungen? Welche Rolle spielt das Unbewusste? Mit moderner Hirnforschung versuchen Marketingexperten neuronale Mechanismen unseres Kaufverhaltens zu entschlüsseln – um uns noch gezielter zu verführen

Allzu viele Wahlmöglichkeiten überfordern das Gehirn. Um Komplexität zu reduzieren, greifen wir daher meist zur immer gleichen Marke

Shampooflasche reiht sich an Shampooflasche. Vollmilchschokolade steht neben Sorten mit Nuss, Joghurt oder Erdbeer, Chipstüten von „scharf" bis „ungarisch" liegen in den Regalen. Alles sieht aus wie in einem normalen Supermarkt. Und doch ist dies kein gewöhnlicher Ort. Denn jede Kaufentscheidung, die hier fällt, hat weitreichende Folgen: Was aufs Kassenband gelegt wird, beeinflusst maßgeblich, was demnächst auch bei uns im Einkaufswagen landen könnte.

Das Geschäft ist einer von 13 Testmärkten einer Firma für Konsumforschung im rheinland-pfälzischen Haßloch. Weil die 20000-Einwohner-Gemeinde in vielen demografischen Größen – wie Altersverteilung, Haushaltseinkommen und -größe – dem deutschen Durchschnitt ziemlich nahekommt, erprobt das Marktforschungsunternehmen neue Produkte vor ihrer flächendeckenden Einführung zuerst hier.

In den Supermarktregalen stehen daher auch Neuheiten, die es nirgendwo sonst zu kaufen gibt. Viele Einwohner erhalten Sonderausgaben von Zeitschriften, in denen mit speziellen Anzeigen für die zu testenden Produkte geworben wird. Und fast ein Drittel der Haushalte ist mit Chipkarten ausgestattet, die jeden Kauf registrieren.

Es ist ein viele Millionen Euro teurer Aufwand, der nur einem Zweck dient: herauszufinden, was der Kunde *will* – und was er *tatsächlich* kauft.

Vor allem Produktentwickler und Marketingmanager interessieren sich dafür. Schließlich möchte jeder Hersteller, dass wir uns aus der überwältigenden Fülle der Konkurrenzangebote für genau sein Produkt entscheiden.

Deshalb arbeiten Marktforscher mit Hochdruck daran, zu entschlüsseln, was uns gefällt, welche Werbung besonders wirksam ist. Sie befragen potenzielle Käufer via Internet, am Telefon oder im Versuchslabor nach ihren Wünschen und Sehnsüchten oder zeichnen wie in Haßloch minutiös ihr Kaufverhalten auf.

Weltweit werden für diese klassische Marktforschung pro Jahr rund 40 Milliarden Euro ausgegeben. Und doch gleicht die Einführung neuer Produkte und Marken, speziell bei Lebens-, Reinigungs- und Körperpflegemitteln, einem Glücksspiel: Ungefähr 75 Prozent aller neuen Artikel in diesen Bereichen fallen beim Konsumenten durch.

Unternehmen, Marktforschungsinstitute und Werbeagenturen wollen das – natürlich – ändern. Und um all jene Gedanken, Gefühle und Wünsche zu ergründen, die mitbestimmen, was genau Menschen kaufen, greifen sie zunehmend auf die Hilfe von Wissenschaftlern zurück.

Etwa von Verhaltensökonomen, die herausfinden wollen, weshalb wirtschaftliche Entscheidungen oft keineswegs aus rein rationalem Kalkül getroffen werden. Oder von Neurowissenschaftlern, die mithilfe aufwendiger Technik und bildgebender Verfahren das Ziel verfolgen, die Funktionsweise des menschlichen Gehirns zu verstehen.

Denn Vertreter dieser Fächer befassen sich mit Fragen, die auch Marketingexperten weltweit beschäftigen: Weshalb kaufen Kunden, was sie kaufen? Wieso entscheiden sie sich für dieses Produkt und ignorieren ein anderes, gleichartiges? Was entfacht das Verlangen, genau diesen Schokoladenriegel zu erwerben oder genau jene Armbanduhr?

Aus jenem Bereich, in dem sich die Interessen von Unternehmen und Wissenschaftlern überschneiden, ist das sogenannte „Neuromarketing" hervorgegangen: Dank moderner Hirnforschung will die vor rund 15 Jahren begründete Disziplin etwa die Kaufentscheidungen von Kunden in Boutiquen und Supermärkten entschlüsseln – und so den Markterfolg eines Produktes präziser vorzeichnen als je zuvor.

Einer der bekanntesten Verfechter der Idee, die Marktforschung mit den Neurowissenschaften zu verknüpfen, ist Martin Lindstrom. Der gebürtige Däne, der bereits als Jugendlicher seine erste Werbeagentur gründete, bezeichnet sich selbst als „Brand Futurist", belehrt weltweit Firmenchefs und Kommunikationsexperten und entwirft Marken und Werbestrategien für global agierende Großunternehmen.

Für seine ehrgeizigen Projekte, das Neuromarketing voranzubringen, gelang es Lindstrom, Millionen US-Dollar zu sammeln und namhafte Forscher zu gewinnen. Die untersuchten mithilfe von großen Scannern, welche Areale des Gehirns aktiv sind, wenn Probanden beispielsweise eine bunte Schachtel, ein Markenlogo oder eine Anzeige betrachten; welche Emotionen die Bilder dabei hervorrufen – und welche Waren am Ende im Einkaufskorb landen. Auf diese Weise wollten sie einen unverfälschten Blick in die Vorgänge in unserem Denkorgan gewinnen und daraus viel genauere Schlüsse ziehen, als es Befragungen oder Verhaltensstudien können.

Die Hirnforschung soll das Fenster zum Unbewussten öffnen und Werbung noch wirkmächtiger machen

Denn dass unser Kaufverhalten so schwer nachzuvollziehen ist, hat einen Grund: Menschen entscheiden beim Erwerb einer Ware nur selten mit Bedacht, kalkulieren kaum rational oder reflektieren ihre Wahl. Vielmehr lassen sie sich von Emotionen und erlernten Regeln leiten, von verborgenen Automatismen und von Assoziationen.

Daher sind uns die wahren Beweggründe unserer Wahl oft nicht bewusst. Denn von der Ratio nicht kontrollierbar, bestimmt ein „implizites System" der Psyche, wie Forscher es nennen, die Entscheidungen.

Schon lange machen sich viele Ladenbetreiber diese intuitiven Mechanismen zunutze, um uns mit scheinbar simplen Tricks dazu zu verleiten, mehr zu kaufen als wir eigentlich wollen. Studien belegen, dass wir mit volleren Tüten nach Hause gehen, wenn der Einkaufswagen im Supermarkt überdimensioniert ist, wenn uns schon am Eingang Frischware oder Rabattaktionen präsentiert werden – oder wenn wir uns auf dem Weg zu häufig benötigten Waren des Alltags, wie etwa Milch, erst einmal durch meterlange Regalreihen schlängeln müssen.

Rund zwei Drittel aller Kaufentscheidungen, haben Wissenschaftler berechnet, sind nicht geplant, sondern fallen erst im Laden – innerhalb eines kurzen Augenblicks.

Ob wir etwa spontan nach der Tiefkühlpizza aus der Werbung greifen oder im Vorbeigehen nach unseren Lieblingsschokoriegeln langen: Das bestimmt unser Gehirn oft im Verborgenen, ohne Zutun unseres Verstandes.

Auf diesen Autopiloten haben es die Verfechter des Neuromarketings abgesehen: Ihre Studien sollen das Fenster zum mächtigen Unbewussten öffnen. Sie sollen Entscheidungsprozesse in nie da gewesener Weise transparent machen und aufdecken, wie weit die bewusste Wahrnehmung des Kunden und sein wirklicher Antrieb mitunter auseinanderklaffen. So hat beispielsweise der Neurologe Christian Elger von der Universität Bonn im Auftrag eines Kosmetikherstellers untersucht, welche Wirkung die Werbung einer bestimmten Marke im Gehirn potenzieller Konsumentinnen auslöste.

Die Anzeigen, mit denen die Firma ihre Körperpflegemittel bewarb, zeigten Frauen, die nicht sehr jung und nicht sehr schlank waren. Diese Kampagne wurde vielfach als wichtiges Signal gegen das herrschende Schönheitsideal gelobt.

Auch die Mehrzahl von Elgers 22 Probandinnen gab an, die Damen seien ihnen sympathischer gewesen als die perfekt wirkenden Schönheiten einer Konkurrenzmarke. Die Chancen, dass sie künftig ein Produkt der ersten Marke kaufen würden, schienen gut zu stehen.

Dann aber setzte Elger die funktionelle Magnetresonanztomografie ein – eine Technik, die mittels eines starken Magnetfeldes sichtbar macht, welche Gehirnbereiche kräftig durchblutet und folglich aktiv sind. Der Scanner offenbarte, dass die Werbung der zweiten Marke (die mit den nach gängigem Ideal schönen Frauen) das Gehirn der Betrachterinnen stärker aktivierte, vor allem in Bereichen, die an positiven Empfindungen und Erinnerungen beteiligt sind.

In der Befragung, so vermutet Christian Elger, hatten die Probandinnen ihre bewussten Gedanken wiedergegeben (und womöglich auch versucht, sich politisch korrekt zu verhalten). Doch in Wirklichkeit sprachen die vollschlanken Fotomodelle sie weniger positiv an, als sie behauptet hatten.

Dieser Widerspruch zwischen Denken und Handeln ist kein Einzelfall. Martin Lindstrom konnte in Zusammenarbeit mit der britischen Hirnforscherin Gemma Calvert einen ähnlichen Effekt nachweisen: Es ging um die Frage, ob Warnhinweise auf Zigarettenpackungen tatsächlich so wirksam sind, wie viele Politiker hoffen.

Gemma Calvert fragte 32 Personen, ob die abstoßenden Fotos von Lungenkrebs, Zahnlücken und anderen Folgen des Rauchens, die auf den Verpackungen zu sehen sind, ihre Lust auf eine Zigarette dämpften. Die Probanden bejahten.

Doch als die Forscherin den Befragten die Warnhinweise präsentierte, während deren Gehirn im Magnetresonanztomografen unter Beobachtung stand, ergab sich ein ganz anderes Bild: Das Verlangen zu rauchen wurde keineswegs unterdrückt. Mehr noch: Es nahm sogar zu.

Die Bilder wirkten als visuelle Stimuli und aktivierten den Nucleus accumbens – ein Hirnareal, das auch als „Suchtzentrum" bezeichnet wird, weil dort das Verlangen nach Alkohol, Drogen oder Sex entsteht.

Der bloße Anblick der Verpackung vermochte also bei den Probanden eine unkontrollierbare Wirkung zu entfalten, die vermutlich großen Einfluss auf ihr Handeln hat.

Hersteller wollen aber nicht nur das allgemeine Verlangen nach einem Konsumgut anfachen, sondern gezielt Anreize zum Kauf genau ihrer Erzeugnisse schaffen. Daher ist es nur folgerichtig, dass Unternehmen nicht allein gewaltige Summen in die Entwicklung ihrer Produkte investieren, sondern auch in die Gestaltung und Pflege ihrer Marken.

Drei von vier neuen Artikeln erweisen sich im Regal als Flop, die Einführung neuer Produkte gleicht daher oft auch einem Glücksspiel

Welche Macht der Nimbus einer Marke entfalten kann, stellte der US-Neurowissenschaftler Read Montague unter Beweis. Er widmete sich einem Dilemma, mit dem sich der Getränkegigant Pepsi seit Jahrzehnten plagt: Kunden greifen häufiger zu Coca-Cola als zu Pepsi – doch wenn man ihnen bei einem Test nicht verrät, welche Cola sich im Glas befindet, schmecken ihnen beide Proben gleich gut (oder Pepsi sogar besser). Weshalb bevorzugen viele Menschen beim Einkauf dann trotzdem meist Coke – dessen weltweiter Marktanteil noch immer deutlich größer ist als der von Pepsi?

Ein Team um den Neurowissenschaftler ließ zunächst 33 Probanden die Getränke kosten, ohne ihnen die Marke dabei zu enthüllen. Das Ergebnis: Die Testpersonen bevorzugten zu etwa gleichen Teilen eine der beiden Limonaden, wobei ihr in der Befragung geäußertes Urteil mit der per Magnetresonanztomografie aufgezeichneten Aktivität eines bestimmten Hirnareals übereinstimmte – sie fiel bei der präferierten Sorte stärker aus.

Dann führten die Forscher ähnliche Tests mit zwei weiteren Gruppen durch. Doch diesmal wussten die Probanden bei manchen Testschlucken, dass es sich um eine bestimmte Marke handelte, bei den anderen blieben sie im Unklaren. Tatsächlich tranken sie aber stets das Gleiche: Die eine Gruppe immer Coca-Cola, die andere immer Pepsi.

Das Resultat: Die eine Gruppe beurteilte den Geschmack von Proben mit bekanntem Inhalt (also Coca-Cola) weit besser als jene ohne Information über die Marke – obwohl auch diese Coca-Cola enthielten. Und ihre Hirnscans zeigten: Das bloße Wissen um die Marke Coca-Cola stimulierte bei den entsprechenden Proben unter anderem den dorsolateralen präfrontalen Kortex sowie den Hippocampus – beides Hirnbereiche, die Erinnerungen und Emotionen modulieren.

In der anderen Gruppe zeigten sich diese Effekte dagegen nur minimal. Als Marke ist Pepsi also offenbar weit weniger wirkmächtig als Coca-Cola.

Montagues Experiment zeigt: Innerhalb einer Gruppe ähnlicher Waren kann eine Marke eine derart starke Position einnehmen, dass allein das Abrufen der Markeninformation eine Gehirnaktivität auslöst, die schwerer wiegt als die momentane Wahrnehmung – und auch stärker als bereits vorhandene Präferenzen. Selbst wenn jemand Pepsi lieber mag, ist Coca-Cola dennoch *die* Cola-Marke schlechthin.

Untersuchungen einer Forschergruppe der Universität Münster zeigten überdies: Marken, die bei Kunden eindeutig die erste Wahl sind, vermindern in der Großhirnrinde gerade dort die Aktivität, wo Neurowissenschaftler analytische Geistesleistungen verorten. In gewisser Weise bewirkt diese „kortikale Entlastung", dass der Verstand weniger aktiv ist – und die emotional geprägte Intuition Vorrang hat.

Diese Eigentümlichkeit des Gehirns lässt den Schluss zu, dass es für Unternehmen tatsächlich sinnvoll ist, mit allen Mitteln darum zu kämpfen, ihr Produkt zum unumschränkten Marktführer zu machen.

Doch wie wird man beliebter als die Konkurrenz? Mit welchen Gefühlen das Gehirn eine Marke verbindet, hängt unter anderem vermutlich von sogenannten „somatischen Markern" ab. Diesen Begriff hat der amerikanische Neurowissenschaftler Antonio Damasio eingeführt, der die biologischen Grundlagen von Emotionen erforscht. Wie auf geistigen Karteikarten, so seine Theorie, sind in den Nervenzellen im Gehirn unbewusst alle Gefühle versammelt, die eine bestimmte Erfahrung jemals ausgelöst hat – mitsamt den körperlichen (somatischen) Zuständen, die vergangene Situationen seinerzeit positiv oder negativ markiert haben.

In einer Entscheidungssituation wird diese körperliche Erinnerung an Glück, Furcht, Ekel oder andere Emotionen binnen Sekundenbruchteilen aktiviert und beeinflusst so die Wahl, die jemand trifft – und zwar lange bevor er beginnt, sich bewusst damit auseinanderzusetzen.

Das gilt auch für Kaufentscheidungen. Es sind also oft gar nicht die *rationalen Faktoren* wie etwa Nutzen oder Kosteneffizienz, die einen Kunden überzeugen – sondern vielmehr die *verkörperlichten Gefühle*, die eine Marke auslöst. Erst die in somatischen Markern gespeicherten Emotionen, so legt es die Hirnforschung nahe, verleihen Marken oder Produkten einen entscheidenden Wert. Das Rezept für erfolgreiches Verkaufen heißt demnach: positive somatische Marker aktivieren und Emotionen verstärken.

Damit sie ihre Ziele erreichen, machen sich Unternehmen zudem einen Effekt zunutze, den Psychologen „priming“ nennen: Danach lässt sich eine gedankliche Aktivität, etwa die Wahrnehmung und Verarbeitung eines Reizes, dadurch beeinflussen, dass zuvor ähnliche Gedächtnisinhalte abgerufen werden. Ein Beispiel: Das Wort „Nagel“ finden Menschen in einer Liste von Begriffen weitaus schneller, wenn sie zuvor in einer anderen Liste das Wort „Hammer“ gezeigt bekommen haben.

In der Warenwelt erweist sich dieser Mechanismus als äußerst nützlich. So wies der Konsumforscher Richard Feinberg in einer Studie nach, dass seine Probanden spendabler waren, wenn sie wie zufällig mit Hinweisen auf Kreditkarten konfrontiert wurden. Bei dem Versuch sollten alle Teilnehmer sich an einem Tisch Bilder von unterschiedlichen Waren ansehen und jeweils angeben, wie viel sie dafür zu zahlen bereit wären; bei einem Teil der Probanden lagen aber auch noch Utensilien eines Kreditkartenanbieters auf dem Tisch, die angeblich Bestandteil eines anderen Versuchs waren.

Die Gehirne der Testpersonen registrierten die Utensilien und verbanden sie unmerklich mit Assoziationen, Erinnerungen und Gefühlen, die ihnen offenbar signalisieren: Geld ist genug da. Im Ergebnis nannten sie höhere Preise als eine Kontrollgruppe.

Neurowissenschaftler haben mit Hirnscannern verfolgt, was beim Priming vor sich geht. Meist zeigt sich: In Gehirnregionen, die vornehmlich an Planung, Bewusstsein und Selbstkontrolle beteiligt sind, nimmt die Aktivität der Nervenzellen deutlich ab. Offenbar lassen sich jene Areale von eigentlich belanglosen Reizen beeinflussen und schalten bei der Entscheidungsfindung auf Sparflamme, statt an der Verarbeitung der Situation teilzunehmen.

Dass unser Gehirn bei Kaufentscheidungen ganz erheblich von scheinbar nebensächlichen Umständen geleitet wird, zeigt auch eine Studie von US-Neuro- und Wirtschaftswissenschaftlern. Den Probanden wurden 80 Waren vorgestellt, wobei zuerst ein Bild des Produkts gezeigt wurde und dann der Preis, in anderen Fällen hingegen zunächst nur der Preis und in der Folge dann das Bild. Anschließend entschieden die Teilnehmer jeweils, ob sie das Produkt für den genannten Preis kaufen würden oder nicht.

Während des gesamten Versuchs zeichneten die Forscher mittels Magnetresonanztomografie die Gehirnaktivität in zwei Regionen auf: Bei der einen zeigte die Aktivität, dass der Wert einer Ware ermittelt wurde, bei der anderen korrespondierte sie mit der emotional geprägten Attraktivität des Objekts.

Die Messdaten verglichen die Forscher dann in Hinblick auf im Versuch gekaufte oder nicht gekaufte Produkte. Dabei zeigte sich für die *Attraktivität* kaum ein Unterschied, ob zuerst das Bild oder der Preis gezeigt wurde: Bei den gekauften Waren war die Aktivität der betreffenden Region im etwa gleichen Maße stärker als bei den nicht gekauften.

Eine große Rolle spielte die Reihenfolge der Präsentation hingegen für die Einschätzung des *Wertes*: Wurde das Bild einer Ware zuerst gezeigt und der Proband entschied sich zum Kauf, war die Aktivität sehr stark, entschied er sich dagegen, fiel sie äußerst gering aus. War aber erst der Preis bekannt und dann das Produkt, entwickelten die Probanden eine nahezu gleich starke Aktivität zur Bemessung des Wertes, ob sie die Ware dann kauften oder nicht.

Aus ihren Resultaten schließen die Forscher: Sehen potenzielle Käufer erst ein Produkt, steht bei der Entscheidungsfindung die Frage „Will ich es besitzen?“ im Mittelpunkt. Erfahren sie aber erst den Preis, wird die Frage „Ist es das wert?“ bestimmend. Allein die Abfolge beeinflusst also, nach welchen Kriterien wir eine Kaufentscheidung treffen.

Noch steht die Forschung auf diesem Gebiet am Anfang. Doch eine Erkenntnis ist unter Experten inzwischen unstrittig: Es gibt im Gehirn nicht *ein* bestimmtes Areal, das beim Einkauf entscheidet und sich zielgenau manipulieren lässt; dafür ist unser Denkorgan viel zu komplex.

Zudem haben die Fachleute ein weiteres Problem der neurowissenschaftlichen Konsumentenforschung nicht lösen können: Nach wie vor lässt sich das Gehirn von Käufern nur im Labor untersuchen, mit einer geringen Zahl von Probanden und millionenteuren Geräten. Und wenn eine Testperson etwa einen Schokoriegel im Hirnscanner verlockend findet, heißt das nicht automatisch, dass sie ihn auch im Geschäft kaufen würde.

Neuromarketing kann die aus der klassischen Marktforschung gewonnenen Erkenntnisse und Strategien zwar ergänzen und Unternehmen helfen, ihre Produkte wie auch die Werbung dafür noch attraktiver zu machen und Fehlschläge zu verringern. Noch aber ist es kein Wundermittel.

Testmärkte wie in Haßloch werden daher wohl auf absehbare Zeit noch immer die wichtigste Datenquelle sein für Prognosen, welche Produkte letztlich in unseren Einkaufswagen landen.

So verdanken wir die Auswahl bestimmter Kekse, Chips oder Spülmittel, denen wir im Supermarktregal begegnen, wahrscheinlich nicht einer ausgeklügelten Versuchsreihe mit Methoden der Neurowissenschaften – sondern eher den Bewohnern von Haßloch. Und deren Entscheidung. ◂

GUT ZU WISSEN

Manipulation

Je sinnlicher die Werbung, desto stärker sind emotionale Hirnbereiche an der Kaufentscheidung beteiligt – wir werden verführt.

Wahrnehmung

Nicht nur Verpackung und Slogan sind wichtig für den Erfolg eines Produkts, auch Gerüche und Geräusche beeinflussen beim Kauf.

Fremdbestimmung

Kritiker fürchten, dass Neuromarketing unser Kaufverhalten künftig besonders effektiv steuern könnte.

die *kunst* der *täusch*

TEXT:

Martin **Paetsch**
und
Rainer **Harf**

Detektor

Schon seit 100 Jahren sollen Maschinen dabei helfen, Täuschungen zu entlarven. Bei dem des Mordes verdächtigen Henry Wilkens zeigt der Lügendetektor 1922 keine Auffälligkeiten – Wilkens wird freigelassen

Wir sind Meister darin, **andere hinters Licht zu führen**. Und machen von diesem Talent erstaunlich oft Gebrauch: Menschen lügen im Schnitt rund 200 Mal am Tag. Forscher haben herausgefunden, dass der **Hang zur Täuschung** tief in unserer Stammesgeschichte wurzelt, dass gute Lügner intelligent, kreativ und einfühlsam sind – und dass es sinnvoll ist, nicht jede Lüge zu entlarven

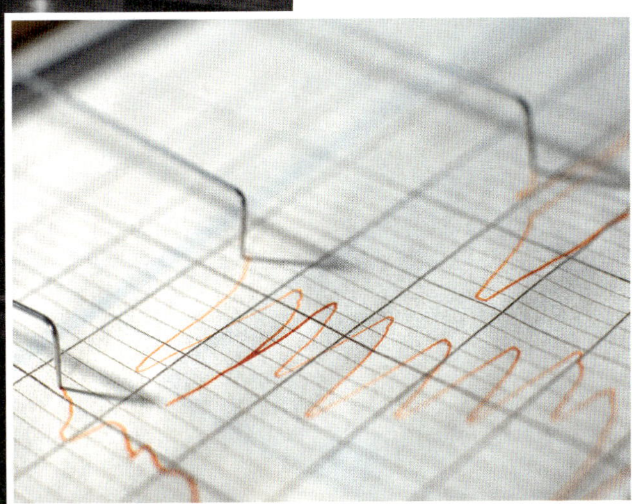

Aufzeichnung

Ein Lügendetektor registriert feinste Schwankungen der Atemfrequenz und des Blutdrucks eines Befragten. Verändern sich die, deutet das auf Aufregung und Stress hin – typische Reaktionen beim Lügen

ung

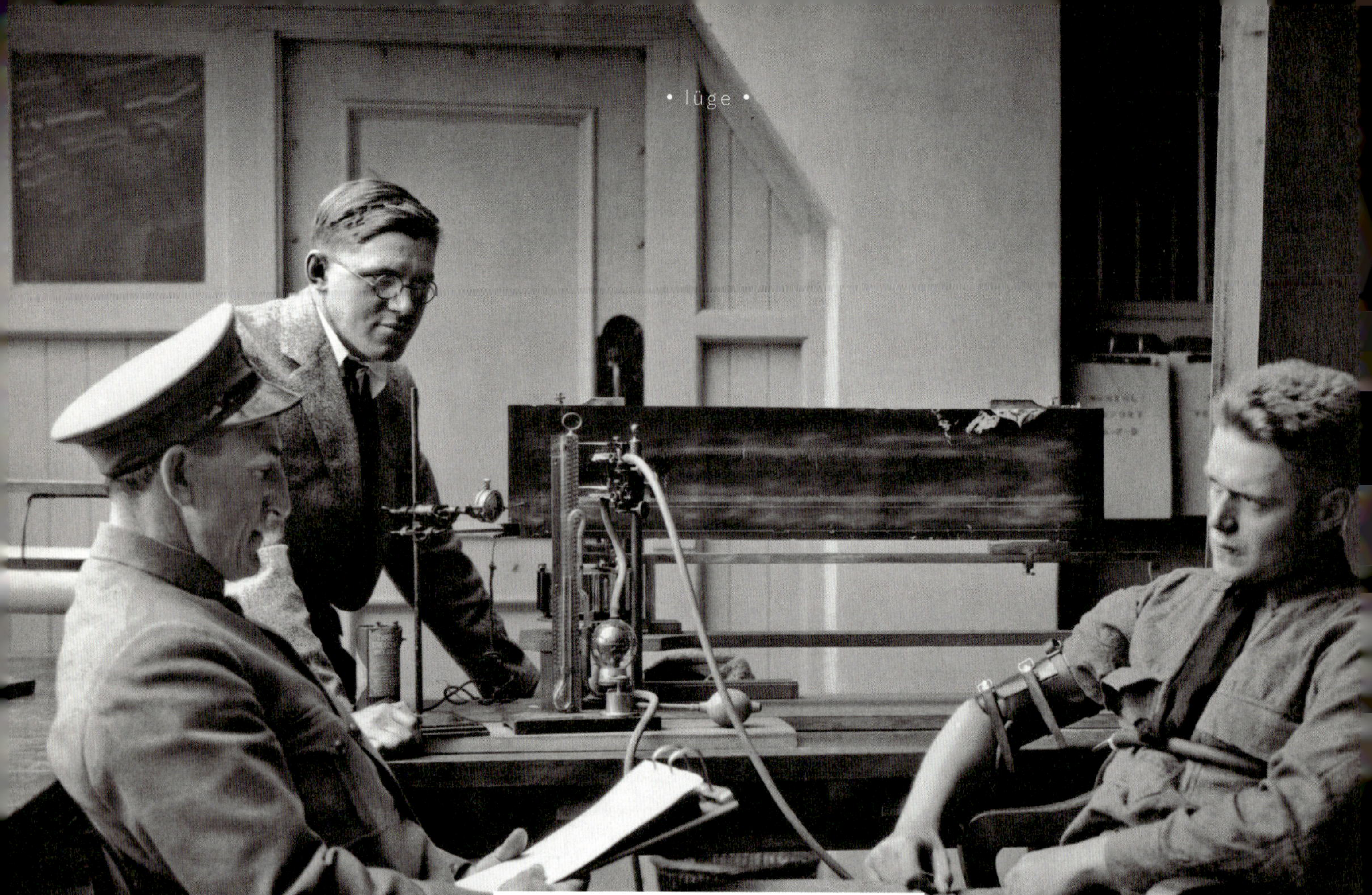

Es war ein denkbar einfaches Experiment, ohne komplizierten Aufbau. Doch die Ergebnisse der Studie überraschten, faszinierten, erschreckten. Denn mit der Untersuchung warf ein Team um den US-Psychologen Robert Feldman Licht auf eine verpönte Schattenseite des menschlichen Miteinanders. Die Forscher hatten 242 Studenten gebeten, sich jeweils zu zweit in einem kurzen Gespräch miteinander bekannt zu machen. Und ein Teil der Probanden wurde aufgefordert, sympathisch oder kompetent auf den anderen zu wirken. Dabei ließen die Forscher heimlich eine Kamera laufen.

Anschließend spielten sie den Testpersonen die Aufnahmen vor und forderten sie auf, darauf zu achten, ob sie stets die Wahrheit gesagt hatten. Weit mehr als die Hälfte der Probanden gab zu, mindestens einmal geflunkert zu haben. Im Schnitt brachten sie es in dem zehnminütigen Gespräch auf rund drei Lügen – wobei jene Teilnehmer, die ihre sympathische oder kompetente Seite zeigen sollten, häufiger logen.

Im Laufe mehrerer Stunden sammelte sich so eine erstaunlich große Zahl von Unwahrheiten an. Einige Psychologen kamen am Ende zu dem Schluss, dass wir im Durchschnitt nicht weniger als 200 Mal am Tag lügen.

So oft also entscheiden wir uns (bewusst oder unbewusst), die Wahrheit zu verdrehen. Und nicht selten beeinflussen wir mit unseren Täuschungen andere Menschen in deren Entscheidungen, manipulieren gewissermaßen unser Gegenüber – etwa wenn wir eine Freundin darin bestärken, ein von ihr neu erstandenes Kleidungsstück sei wirklich schick, obwohl wir es in Wahrheit scheußlich finden.

So geschickt wie kein anderes Wesen nutzt der Mensch die Gabe, zu lügen. Wir sind Meister darin, unser Gegenüber hinters Licht zu führen. Und hin und wieder schwindelt oder schummelt vermutlich jeder von uns mal.

Das betrügerische Repertoire ist gewaltig: Es reicht von Tricks in der Schule bis zum bösartigen Betrug, der andere ruiniert. Die meisten Lügen sind allerdings völlig harmlos, wir flechten sie nebenbei in Gespräche ein.

Sie sind sogar fester Bestandteil unseres Alltags – schließlich gehört das Flunkern oft zum guten Ton: Um Mitmenschen nicht zu verletzen, loben wir schreckliche Frisuren, geschmacklose Möbel oder ungenießbare Gerichte. Wir schreiben Briefe an „sehr geehrte Damen und Herren", schließen mit „freundlichem Gruß", auch wenn wir die Empfänger nicht mögen. Und während eines Vorstellungsgesprächs stellen

Deutung

Inwieweit die Aufzeichnungen eines Detektors tatsächlich auf eine Lüge schließen lassen, ist letztlich Interpretationssache – und damit sehr fehleranfällig

Hirnstruktur

Notorische Lügner zeigen auffällige Veränderungen in einem Bereich des Gehirns hinter der Stirn (Befragung eines Häftlings im Berkeley Police Department, 1924)

Reicht ein genauer Blick ins Gesicht des Lügners, um ihn rasch zu entlarven?

wir uns besser dar, verbergen unsere wahre Persönlichkeit, versuchen, den anderen in seiner Entscheidung möglichst geschickt zu beeinflussen.

Im alltäglichen Gespräch schwindeln Männer und Frauen oft aus unterschiedlichen Gründen – auch das stellte sich in dem Experiment von Robert Feldman heraus. So logen die männlichen Versuchsteilnehmer zumeist, um ihren Gesprächspartner zu beeindrucken, einer der Männer behauptete sogar, der Star einer Rockband zu sein.

Weibliche Probanden dagegen verfälschten die Wahrheit in der Regel, um ihrem Gegenüber ein besseres Gefühl zu geben. Zum Beispiel gaben sie vor, eine andere Person sympathisch zu finden, obwohl sie die eigentlich nicht leiden konnten.

In einer großen Meta-Analyse von mehr als 550 Studien fanden deutsche und israelische Forscher überdies heraus, dass Männer etwas öfter lügen als Frauen – und jüngere Menschen häufiger unehrlich sind als ältere.

Einig sind sich die Forscher darin, dass Täuschungen tief in der Biologie des Menschen wurzeln. Mehr noch: Unsere Kultur beruht zu einem erheblichen Teil auf Vorspiegelung falscher Fakten. Evolutionsbiologen vermuten, dass der Hang zum Lügen weit zurückreicht in der Entwicklungsgeschichte des *Homo sapiens*. Denn mit dieser Angewohnheit steht der Mensch keinesfalls allein da – auch im Tierreich herrschen Lug und Trug.

S

So schwenkt der Anglerfisch eine fliegenförmige Attrappe an einem Flossenfortsatz vor seinem Maul hin und her. Mit der vermeintlichen Beute lockt der Jäger andere Fische in die Reichweite seines Mauls.

Manche ungiftigen Schlangenarten blähen sich bei Gefahr auf und mimen die aggressiven Bewegungen einer giftigen Kobra derart lebensecht, dass sie Angreifer in die Flucht schlagen.

Zu regelrechten Schauspieleinlagen sind einige Vögel fähig: Nähern sich Räuber ihrem Nest, täuschen sie mit zappelndem Flügelschlag und hinkendem Gang eine Verletzung vor und locken den Feind vom Gelege fort.

Solche Täuschungen verschaffen Vorteile; wer erfolgreich trickst, setzt sich im täglichen Kampf ums Überleben, im Wettstreit um einen Fortpflanzungspartner eher durch.

Doch so pfiffig das Spiel mit dem Schein bei vielen Tieren auch anmuten mag: Es beruht eher auf Instinkten – also auf automatisierten Verhaltensmustern, die genetisch verankert sind und kaum variiert werden können.

Zu wirklich inspirierten Lügen sind nur hoch entwickelte Tiere fähig.

Denn komplexe, auf die jeweilige Situation abgestimmte Täuschungen erfordern Verstand, Kreativität und Fantasie: Virtuose Lügner müssen nicht nur in der Lage sein, überzeugend aufzutreten – sondern auch die Reaktionen des Belogenen vorhersehen können. Diesen Kraftakt vermag nur ein enorm leistungsfähiges Gehirn zu vollbringen.

Die Kunst der taktischen Täuschung ist daher ein untrügliches Zeichen für Einfühlungsvermögen und Intelligenz.

Besonders unter jenen Tieren, deren Vorfahren bereits vor Jahrmillionen in sozialen Gemeinschaften lebten –

Der Glaube daran, dass andere nicht lügen, hilft uns bei Entscheidungen

die also ständig mit anderen Gruppenmitgliedern kommunizierten, die lernen mussten, sich in die Gedankenwelt ihres Gegenübers hineinzuversetzen –, haben sich die Lügen im Laufe der Evolution immer weiter entwickelt.

Und wohl keine andere Gruppe von Lebewesen ist zu solch kunstvoller Täuschung fähig wie jene, aus der letztlich auch der Mensch hervorgegangen ist: die der Primaten.

In dieser Tierordnung ist das Spiel mit der Unwahrheit besonders weit verbreitet – fast jeder Affe ist in der Lage zu flunkern. Wie oft die Tiere betrügen, hängt offenbar mit der Größe ihres Neokortex zusammen, der äußersten und evolutionär jüngsten Schicht des Gehirns, die wie eine Hülle aus Milliarden Nervenzellen die älteren Bereiche des Denkorgans umschließt.

Je ausgeprägter dieses Areal bei einer Primatenspezies ist, desto häufiger führen Affen dieser Art andere Tiere hinters Licht. Die Entwicklung dieses jungen Hirnbereiches wurde, wie Forscher vermuten, vor allem dadurch vorangetrieben, dass manche Spezies immer komplexere Gruppen bildeten und dadurch die sozialen Herausforderungen zunahmen – sie mussten sich ständig mit ihren Artgenossen austauschen.

So täuschen die in Madagaskar heimischen Lemuren, die über einen relativ kleinen Neokortex verfügen, ihresgleichen eher selten. Regelmäßig betrügen dagegen mit einem größeren Hirnareal ausgestattete Menschenaffen wie Schimpansen, Gorillas und Orang-Utans. Nahezu gewohnheitsmäßig wenden sie Gaunereien an, um beispielsweise an Essen zu kommen.

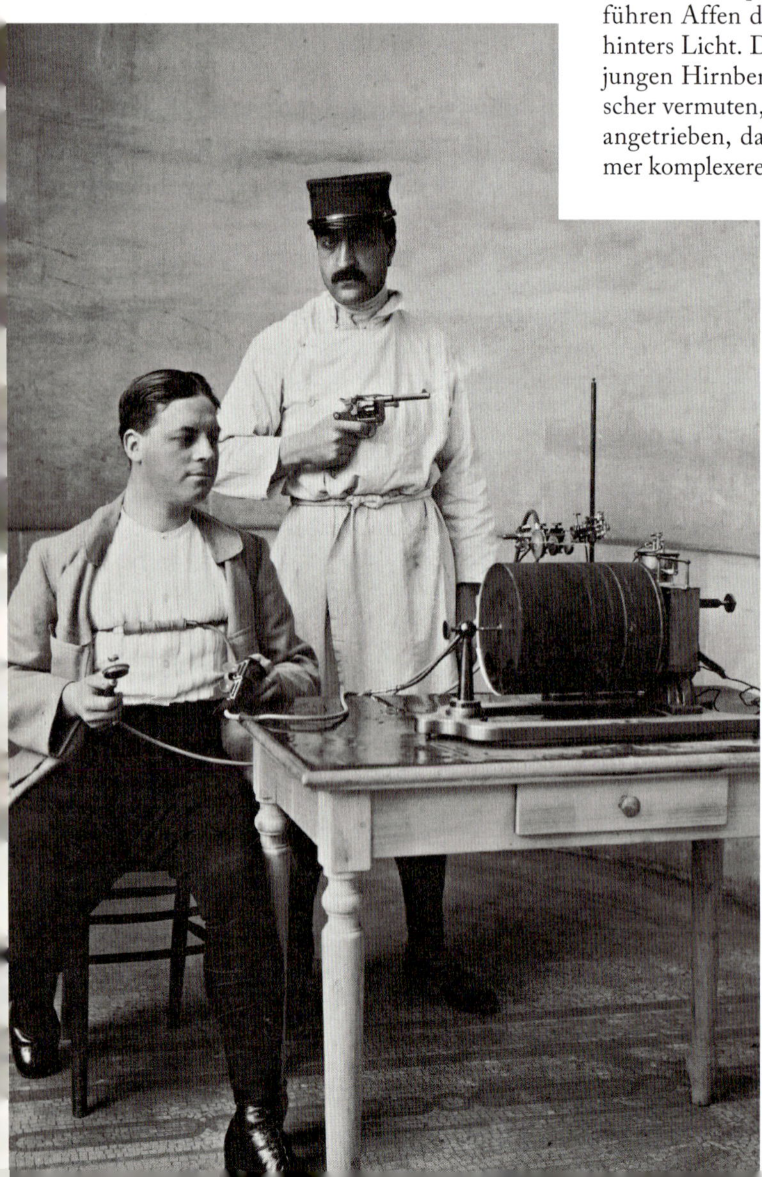

n

Niemand kann heute sagen, vor wie vielen Jahrmillionen unsere frühen Vorfahren begonnen haben, sich gegenseitig zu hintergehen. Vermutlich aber erfanden unsere Ahnen immer raffiniertere Finten und Täuschungsmanöver. Und möglicherweise war es gerade der Erfolg dieses scheinbar niederträchtigen Verhaltens, der die Entwicklung der Primaten weiter vorantrieb.

Nur die Schlauesten unter ihnen konnten erfolgreich schummeln und sich so in der Gruppe durchsetzen. Vielleicht begünstigte die Natur auf diese Weise die Entstehung immer größerer Gehirne. Und schließlich entwickelten unsere Vorfahren ein Kommunikationsmittel, das der Evolution der Lüge gleichsam neuen Nährboden gab: die Sprache.

Denn erst der Umgang mit Wörtern versetzte unsere Ahnen in die Lage, ganze Lügengebäude zu errichten. Sprache erlaubt es einem Wesen, komplexe Gedankengänge verständlich zu machen, abstrakte Gefühle in Worte zu kleiden, ausgefeilte Pläne zu vermitteln – oder eben zu verschleiern. Und damit letztlich auch rein fiktive Realitäten als echte auszugeben.

Die immer feinsinnigeren Finten haben wohl auch dazu beigetragen, dass Menschen ein scheinbar paradoxes Verhalten entwickelt haben. Denn der *Homo sapiens* verfügt (neben der Sprache) über ein weiteres Hilfsmittel, das seine Betrügereien überaus glaubhaft macht: die Selbsttäuschung.

Kopfsache

Viele Lügner manipulieren sich gleichsam selbst und sind fest davon überzeugt, die Wahrheit zu sagen. Dadurch erscheinen sie umso glaubwürdiger und sind besonders schwer zu enttarnen (Befragung eines Gefängnisinsassen, 1919)

Fehlalarm

Der Nutzen von Lügendetektoren ist höchst umstritten, weil bei manchen Unschuldigen die Werte bei der Befragung aus reiner Nervosität nach oben schnellen

Häufig sind wir fest davon überzeugt, die Wahrheit zu sagen, obwohl wir eigentlich lügen. Nicht selten verdrehen wir nach einer Fehlentscheidung, die uns oder anderen geschadet hat, die Ereignisse, manipulieren unsere eigene Erinnerung und glauben schließlich selbst an unsere Unschuld.

Oder wir legen uns eine geschönte Version der Wahrheit zurecht, wiederholen sie so lange, bis wir am Ende davon überzeugt sind.

Forscher vermuten, dass dieser Mechanismus in einer Art evolutionärem Wettrüsten entstanden ist. Denn während das menschliche Gehirn immer raffiniertere Formen der Täuschung ersann, reifte im Gegenzug auch die Fähigkeit, an Aussagen zu zweifeln – schließlich ließen sich hinterlistige Betrügereien ja nur durch ausgeprägte Skepsis enttarnen.

Die Lügner wiederum mussten immer glaubwürdiger auftreten. In vielen Fällen konnten sie dies am besten, wenn sie nicht zwei widersprüchliche Fassungen einer Geschichte im Bewusstsein behalten mussten. So verdrängte das Gehirn eine Version ins Unterbewusste – und zwar die wahre.

Das sparte dem Täuschenden viel Energie, weil sich das Gehirn einem einzelnen Szenario widmen konnte. Zudem wirkte die Fälschung nun besonders echt – und Artgenossen ließen sich viel wirkungsvoller manipulieren.

Die Verdrängung der Wahrheit erwies sich als evolutionärer Vorteil: je effektiver die Täuschung, desto größer die Chance, sich beispielsweise fortzupflanzen oder Nahrung zu finden.

Denn wer etwa überzeugend Stärke vorzugaukeln vermochte, stieg leichter in der sozialen Rangordnung auf, konnte einen größeren Teil der Jagdbeute für sich beanspruchen und so mögliche Sexualpartner beeindrucken.

Fortan hatte die Selbsttäuschung einen festen Platz im menschlichen Verhaltensrepertoire. Die Lüge hat sich vom simplen Bluff zu einem hochkomplizierten Denkvorgang entwickelt. Im Gehirn des modernen Menschen nimmt dieser Prozess mehrere Areale gleichzeitig in Anspruch.

Um diesen Mechanismus der Täuschung zu entschlüsseln, haben Wissenschaftler die Gehirne von Lügnern durchleuchtet sowie von Menschen, deren Fähigkeit zum Täuschen durch eine Krankheit beeinträchtigt ist.

US-Psychologen haben überdies untersucht, ob sich die Gehirne notorischer Lügner von denen anderer Menschen unterscheiden. Das Team rekrutierte dazu Freiwillige, die durch übermäßiges Lügen aufgefallen waren, und erforschte deren Denkorgan mit einem bildgebenden Verfahren.

Ihr Fazit: Es gibt offenbar eine Hirngegend, die beim Betrug eine besondere Rolle spielt. Denn auf den Hirnscans zeigten sich auffällige Veränderungen in Regionen hinter der Stirn, im „präfrontalen Kortex". Der gilt als Sitz höherer geistiger Funktionen, etwa der Selbstreflexion und der moralischen Bewertung.

Bei Probanden, die zum Lügen neigen, enthielt dieses Areal einen überproportional großen Anteil der sogenannten weißen Hirnsubstanz: Die besteht hauptsächlich aus fadenförmigen Verbindungen zwischen den Nervenzellen und macht in der Regel rund 50 Prozent des Gehirnvolumens aus.

Manche Menschen leiden an einem Mangel dieser Substanz, etwa viele Autisten. Tests haben gezeigt, dass diese in ihrem Sozialverhalten beeinträchtigten Personen weniger gut lügen.

Ob die weiße Hirnsubstanz tatsächlich der Stoff ist, aus dem auch Lügen gestrickt sind, können die Forscher zwar noch nicht sagen – denn im präfrontalen Kortex werden auch unter anderem planvolles Handeln, Sprechen und die Entwicklung von Zielvorstellungen gesteuert. Veränderungen in seiner Struktur können also vielfältige Ursachen haben.

Doch die Hinweise verdichten sich immerhin, dass dem präfrontalen Kortex beim Lügen eine zentrale Rolle zukommt. Darauf wiesen japanische Neurowissenschaftler hin, die Parkinson-Kranke untersuchten. Dieses Nervenleiden kann auch die Funktion des präfrontalen Kortex beeinträchtigen.

Und tatsächlich: Die Patienten hatten im Verhältnis zu einer gesunden Kontrollgruppe größere Schwierigkeiten, ihre Mitmenschen zu täuschen.

m

Mit solchen Studien versuchen Forscher die Anatomie des Lügens zu enträtseln. Und tragen vielleicht dazu bei, Täuschungen bald besser zu entlarven.

Denn Menschen sind im Aufdecken von Flunkereien nicht besonders gut. Wie Statistiken belegen, erkennen wir nur etwa jede zweite Unwahrheit.

Das liegt zum einen daran, dass Lügner häufig ganz besonders überzeugend auftreten. Zum anderen sind die meisten Menschen gar nicht darauf gepolt, einen Schwindel zu entdecken.

Statt an jeder Aussage zu zweifeln, ist es für viele von uns offenbar besser, wenn wir anderen grundsätzlich vertrauen. Als Kinder müssen wir uns darauf verlassen können, dass sich die Eltern und andere Bezugspersonen um unsere Bedürfnisse kümmern und uns nicht ständig belügen. Und diese Erwartung geben wir nie ganz auf.

Das scheint im Widerspruch zu unserem eigenen Verhalten zu stehen, schließlich lügt ja jeder von uns.

Doch ein generelles Grundvertrauen tut der Psyche gut; Studien zeigen, dass wenig misstrauische Menschen

Unterschiede

Männer lügen meist, um Gesprächspartner zu beeindrucken. Frauen verfälschen die Wahrheit oft, um ihrem Gegenüber ein besseres Gefühl zu geben (Befragung, 1939)

zufriedener, psychisch gesünder und hilfsbereiter sind. Und: Je klüger jemand ist, desto seltener bezichtigt er andere der Lüge.

So wie uns ein gewisses Maß an Selbsttäuschung hilft, tut uns offensichtlich auch die (teils übertrieben optimistische) Annahme gut, die anderen seien ehrlich.

Es ist eben angenehmer, zu glauben, dass wir in einem Outfit gut aussehen, dass wir trotz Schlafproblemen Frische ausstrahlen, dass die Gäste wegen eines unaufschiebbaren Termins absagen, dass im Berufsleben unsere eigentlich tolle Idee abgelehnt wird, weil sie leider nicht ins Konzept passt.

Würden wir uns ständig über all die Lügen ärgern, uns fortlaufend grämen, unseren Selbstwert anzweifeln: Wir würden verbittern, verlören viel Lebensenergie, würden uns bei vielen Entscheidungen deutlich schwerertun.

Der Glaube an Ehrlichkeit beflügelt uns dagegen zu rascheren Entschlüssen, zu besseren Leistungen. So zeigt sich: Länder, in denen ein höherer Grad an Vertrauen herrscht, verzeichnen ein besseres Wirtschaftswachstum.

Doch selbst jenen, bei denen Skepsis zur Profession gehört, die gleichsam trainiert sind, menschliche Maskeraden aufzudecken, fällt das Ertappen beim Lügen schwer. So kommen beispielsweise Verhörspezialisten der Polizei oder Psychotherapeuten nur auf eine Quote von durchschnittlich 54 Prozent. Seit Jahrzehnten suchen Experten daher nach Hilfe durch die Technik – etwa durch Lügendetektoren, die feinste Veränderungen von Puls, Blutdruck, Schweißabsonderung und Atemfrequenz messen. Deren Nutzen ist freilich umstritten: Bei manchen Unschuldigen schnellen diese Werte bei einer Befragung schon aus Nervosität nach oben.

Manche Wissenschaftler wollen daher bei der Wahrheitsfindung in Zukunft schweres Gerät einsetzen: Nach ihrer Vorstellung könnten Verhöre in einem Radiologiezentrum stattfinden, die Verdächtigen in der Röhre eines Magnetresonanztomografen liegen.

Ein Anstieg der Blutversorgung von Nervenzellen unter anderem im präfrontalen Kortex würde dann die Lügen des Untersuchten offenbaren – und zwar mit einer Sicherheit von angeblich über 90 Prozent. Wie zuverlässig solche Gehirnscans bei der Aufklärung von Verbrechen aber wirklich wären, darüber streiten Forscher noch.

Vielleicht reicht stattdessen schon ein genauer Blick ins Gesicht eines Lügners, um ihn als solchen zu entlarven: Das zumindest glaubt der US-Psychologe Paul Ekman.

Seit mehr als 40 Jahren analysiert er die menschliche Mimik und Gestik und sucht nach kaum merklichen Anzeichen einer Verstellung. In dieser Zeit hat er das Zusammenspiel der Gesichtsmuskeln erforscht und unterschiedlichste Kombinationen katalogisiert – und sagt heute, er sei sich sicher, dass sich in der Mimik eines Menschen dessen echte Gefühle untrüglich verraten: dass die feinen Regungen (sobald man sie vollends verstanden hat) also der Schlüssel zur Wahrheit sind.

Denn ein Lügner könne die unwillkürlichen Muskelzuckungen in seinem Gesicht nicht unterdrücken. Allerdings würden uns diese unfreiwilligen Regungen wohl nur auffallen, wenn wir unser Gegenüber in Zeitlupe betrachten könnten.

Daher hat Ekman Menschen beim Flunkern gefilmt und später durch verlangsamtes Abspielen der Aufnahmen festgestellt: Wer die Wahrheit verdreht, verzieht seine Gesichtszüge bloß für eine Viertelsekunde.

Anschließend hat der Lügner seine Mimik wieder unter Kontrolle. ‹

GUT ZU WISSEN

Verlogene Spezies

Kein anderes Wesen lügt so geschickt wie *Homo sapiens*. Wahrscheinlich gibt es keinen Menschen, der nicht ab und zu schwindelt.

Altes Erbe

Unsere gesamte Kultur beruht erheblich auf Vorspiegelung falscher Fakten. Denn Täuschungen wurzeln tief in der Biologie des Menschen.

Schlechte Quote

Menschen sind nicht besonders gut im Aufdecken von Täuschungen: Im Mittel entlarven wir nur jede zweite Lüge.

scheitern – und was sich *daraus lernen* lässt

Text:

Ute **Eberle**

Herzfehler

Dieses frühe Kunstherz benötigte 1982 einen riesigen Kompressor, und der erste Patient überlebte nur 112 Tage – aber der Fehlschlag führte die Entwickler weiter

Fehlentscheidungen lassen sich nicht vermeiden im Leben – und es wäre nicht einmal von Vorteil. Denn wissenschaftliche Experimente zeigen: Erkenntnisse aus Rückschlägen verinnerlichen wir besonders tief

S

Soll ich oder soll ich nicht? Oft schieben wir Entscheidungen vor uns her, zögern, legen uns bisweilen lieber gar nicht fest – aus Angst, danebenzuliegen oder gar zu scheitern. Ob es nun um die Wahl einer passenden Geldanlage geht, darum, in einer Groß- oder in einer Kleinstadt zu studieren, sich für oder gegen eine Jobofferte auszusprechen, oder schlicht, einem bislang unbekannten Urlaubsziel den Vorzug zu geben: Die Furcht vor Missgriffen sitzt tief.

Nun ist es aber nicht so, dass eine Abneigung gegen falsche Entscheidungen Irrtümer verhindert. Vielmehr sind Misserfolge im Leben wohl eher die Regel als die Ausnahme. So werden in Deutschland täglich rund 420 Ehen geschieden, 54 Firmen melden Konkurs an, und mehr als 250 Privatleute erleiden finanziellen Bankrott.

Dazu kommen all die Niederlagen, die niemand zählt: die Diäten, die in einer Eisschlemmerei enden; die abgewiesenen Bewerbungsschreiben. Oder all die nie verwirklichten Träume, etwa einen Roman zu schreiben oder Sportkommentator zu werden: Lebenswünsche, die bereits daran scheiterten, dass man es nie wirklich versucht hat. Ganz gleich, welche Form Irrtümer annehmen: Sie sind schmerzhaft.

Psychologen haben beobachtet, dass viele Menschen weder Geldsorgen noch gesundheitliche Probleme, weder Arbeitsstress noch den Gedanken an den Tod als so emotional belastend empfinden wie das Gefühl, dass nach einem Misserfolg Freunde, Bekannte und Familie auf einen herabsehen könnten.

Irrtümer können das Fundament unseres Selbstverständnisses erschüttern, vor allem wenn sie die Folge einer bewussten Entscheidung sind. Mehr noch: Wie jemand mit Rückschlägen umgeht, das beeinflusst in erheblichem Maße, wie sein Leben verläuft.

Manche Personen haben beispielsweise derart große Angst, zu versagen, dass sie Chancen ungenutzt lassen; sie scheuen berufliche Herausforderungen und damit Karrieremöglichkeiten, oder sie gehen aus Furcht vor Zurückweisung selten auf andere Menschen zu und finden daher nur schwer Freunde oder einen Lebenspartner.

Womöglich ersparen sie sich so tatsächlich manchen Misserfolg. Aber sie verbauen sich auch den Weg zu vielem, was Glück und Zufriedenheit beschert.

Andere Menschen dagegen scheinen sich von Rückschlägen nicht beirren zu lassen. Und: Häufig werden sie dafür belohnt.

So haben Forscher unter anderem herausgefunden, dass Menschen, die vom Rauchen loskommen wollen, im Schnitt fünf bis sieben Anläufe brauchen, ehe sie sich tatsächlich nicht mehr zu Zigaretten verführen lassen – und beharrlich an ihrer Entscheidung, endlich Nichtraucher zu werden, festhalten. Anders gesagt: Erfolgreich sind jene, die selbst dann nicht aufgeben, wenn sie bereits ein halbes Dutzend Mal versagt haben.

Was unterscheidet jemanden, der sich rasch entmutigen lässt, von jenem, der nicht aufgibt?

Weshalb erleben manche Menschen eine falsche Entscheidung als lebenslange Schmach, während andere Niederlagen als Chance nutzen?

Der Zeit voraus

Der wohl größte Flop der Firma Apple war dieser 1993 vorgestellte digitale Assistent. Einige Jahre später finden sich die meisten seiner Funktionen bei Tablets und Smartphones wieder

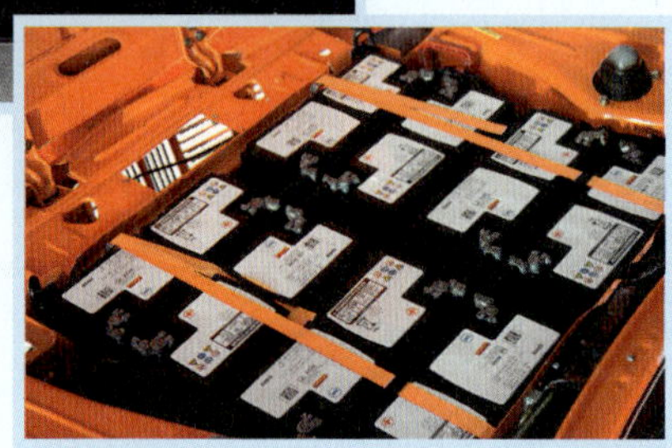

Elektromobil

Mit einer Reichweite von nur 60 Kilometern schaffte es dieser BMW 1969 nicht in die Serienfertigung – das gelang erst 44 Jahre später mit weiterentwickelten Elektroautos

Zunehmend studieren Psychologen diese immer wichtiger werdenden Fragen. Denn in der globalisierten Welt mit all ihren Möglichkeiten für den Einzelnen werden Menschen recht oft mit Fehlschlägen konfrontiert.

Vor dem Anbruch der Moderne verlief das Leben noch in vorbestimmten Bahnen, es gab nicht allzu viele Wege, sich falsch zu entscheiden.

Welchem Stand man angehörte, welcher Religionsgemeinschaft, welchem Geschlecht: All das legte größtenteils fest, was der Einzelne vom Schicksal erwarten konnte. Die sozialen Umstände engten das Dasein ein.

Aber sie entbanden den Einzelnen auch von persönlicher Verantwortung.

Heute steht den Menschen die Welt dagegen gleichsam offen. Wir können (innerhalb eines gewissen Rahmens) wählen, wo wir wohnen, welchen Berufsweg wir einschlagen, mit welchem Partner wir unser Leben teilen. Doch wenn es uns nicht gelingt, ein Ziel zu erreichen, können wir häufig den Grund für die Enttäuschung nur bei einem suchen: bei uns selber.

Wie sehr sich Menschen nach einer Niederlage kasteien, hängt allerdings auch davon ab, wo sie leben. In Deutschland etwa herrscht eine Leistungskultur, die auf Perfektionismus ausgerichtet ist und Versagen besonders ächtet. Daran haben auch Trends wie die „Fuck-up Nights“ wenig geändert, auf denen Firmengründer vor Publikum unter Applaus erklären, weshalb ihr Start-up pleite gegangen ist. Auf lockere Art sollen so andere aus ihren Fehlern lernen.

In den USA, vor allem im Silicon Valley, belohnen manche Firmen ihre Mitarbeiter sogar regelrecht für Irrtümer. „Sie bekommen Applaus und Umarmungen“, sagt Astro Teller, Leiter einer Forschungsabteilung von Google, in der technische Lösungen für globale Probleme erträumt werden.

Teams, die dort ein Projekt starten, aber damit scheitern, werden aber nicht nur moralisch unterstützt: Die Menschen „werden befördert und erhalten Boni“, so Teller.

Denn die Geschäftsleitung von Google will Mitarbeiter ermutigen, auch verrückte Einfälle zu verfolgen – ungewöhnliche, gewagte Ideen, die nicht nur ein hohes Risiko zu scheitern in sich tragen, sondern möglicherweise auch das Potenzial für große Durchbrüche.

Zum Teil gelten Fehlschläge in den Innovationsschmieden Kaliforniens sogar als etwas Ehrenhaftes. „Scheitere schnell, scheitere oft“, wird Jungunternehmern im Silicon Valley geraten.

Dieser Verherrlichung von Niederlagen liegt die Vorstellung zugrunde, dass Fehlentscheidungen stets klüger machen. Und: dass man ohne diesen ersten Schritt gar keinen Erfolg haben könne.

Dass also jemand, der triumphieren will, zunächst durch eine Zeit der Pleiten gehen müsse. Suggeriert wird dabei auch, dass auf die erste Phase (das Scheitern) immer die zweite Phase (das gute Gelingen) folgt.

Diese Annahme ist aber so falsch wie die Sorge mancher Menschen, dass jeder Fehlschlag katastrophal sei. Denn Misserfolge machen nicht immer gescheiter oder vernünftiger.

Forscher der Harvard Business School haben Tausende von Unternehmen studiert, die über einen Zeitraum von zwei Jahrzehnten an den Markt gingen. Dabei stellten sie fest, dass eine junge Firma bessere Chancen hat, wenn ihr Gründer zuvor einen anderen Betrieb erfolgreich aufbauen konnte – und nicht, wenn er damit Schiffbruch erlitten hat.

Trotz berühmter Gegenbeispiele (wie etwa Bill Gates) ist es im Normalfall also weniger eine anfängliche Pleite, sondern vielmehr ein erster Erfolg, der den folgenden begünstigt.

Und doch steckt viel Wahres in der Vorstellung, dass der Weg zum Glück oft nur übers Versagen führt, über den Irrtum. Zwar muss man nicht scheitern, um Erfolg zu haben. Aber es ist häufig unvermeidlich.

Denn ob es nun um die Gründung eines Unternehmens geht, die Umstellung der Ernährung oder die Entwicklung einer neuen Technik: Viele Vorhaben sind derart komplex, dass sie selten auf Anhieb gelingen.

So entwickelte der britische Erfinder James Dyson einen Staubsauger, der die Branche revolutionierte. Doch um sein Ziel zu erreichen, musste Dyson zahlreiche Testmodelle konstruieren – 5127, um genau zu sein. Davon arbeiteten 5126 auf die eine oder andere Weise nicht so, wie es sich der Ingenieur erhofft hatte (es waren also letztlich Fehlschläge).

W

Was verschafft Menschen wie Dyson ihr ungeheures Durchhaltevermögen? Um das herauszufinden, studieren Psychologen unter anderem Personen, die fast täglich mit Fehlschlägen konfrontiert werden: Perfektionisten.

Wer mit dem inneren Drang zum Maximum, zum Perfekten veranlagt ist, stellt solch hohe Ansprüche an sich selber, dass er zwangsläufig nur selten den eigenen Erwartungen genügt.

So wie die Ballerina Karen Kain, die jahrzehntelang für ihre tänzerischen Darbietungen gefeiert wurde. In ihrer Autobiografie gestand die Kanadierin, dass sie selber nur ein Dutzend ihrer mehr als 10 000 Vorstellungen als gelungen empfunden habe. Mit allen anderen war sie unzufrieden.

Forscher haben festgestellt, dass es zwei unterschiedliche Typen von Perfektionisten gibt. Die einen nutzen die ständigen Enttäuschungen, die sie erleben, als Ansporn. Funktioniert etwas nicht, strengen sie sich noch mehr an, um ihr Ziel zu erreichen.

54 Firmen melden in Deutschland täglich Konkurs an

Den anderen dagegen fällt es schwer, sich ihre eigenen Fehler zu verzeihen. Sie schämen sich, wollen unbedingt weitere Patzer vermeiden, den Erfolg förmlich erzwingen – und sind mithin erst recht in Gefahr, dass ihnen vor lauter Verbissenheit erneut etwas misslingt. Solche Perfektionisten mögen durchaus Talent haben, doch sie leiden überdurchschnittlich oft an Burnout und Depressionen.

Der Unterschied zwischen den beiden Gruppen liegt nach Meinung der Forscher in einem Detail begründet – in der eigenen Antwort auf die Frage: Worauf basieren meine Fähigkeiten?

Glaubt ein Perfektionist, dass angeborene und damit letztlich unveränderliche Gaben über Erfolg oder Misserfolg bestimmen, wird jeder Rückschlag automatisch als Angriff auf das gesamte Ich gewertet. Schließlich legt alles, was schiefläuft, nur den einen Schluss nahe: dass der Betreffende nicht genug zu bieten hat.

Ein Mensch dagegen, der sich und seine Fähigkeiten für entwicklungsfähig hält, sieht die Situation aus völlig anderer Perspektive. Hat etwas nicht funktioniert, liegt es eher daran, dass er noch nicht so weit war. Für ihn ist das Scheitern ein Anreiz, weiterzulernen, an Herausforderungen zu wachsen.

Denn besser werden können nur jene, die an die Grenzen ihrer bestehenden Möglichkeiten stoßen – und dann versuchen, die Grenzen zu verschieben. Viele Gewichtheber beispielsweise stemmen Hanteln so lange, bis ihre Muskeln versagen und sie keine weitere Wiederholung mehr bewältigen können. Dieses Scheitern an der letzten Hantel legt den Grundstein dafür, dass sie ihre Kräfte in Zukunft mehren.

Es ist genau dieses Gefühl, das die eine Gruppe von Perfektionisten nach einem Irrtum offenbar besonders motiviert. Es gibt ihnen, wie manche Psychologen sagen, Auftrieb.

Menschen, die Fehlschläge nicht automatisch als Katastrophe empfinden, profitieren aber noch in anderer Weise. So lernen sie zum Beispiel besser aus ihren Fehlern. Mit modernen Messinstrumenten lässt sich beobachten: Das Gehirn solcher Personen reagiert besonders aufmerksam, läuft gleichsam auf Hochtouren, wenn sie merken, dass ihnen etwas nicht gelungen ist. Sie be-

Vorreiter

Der »Aurora« von 1957 verfügte über Knautschzonen, Seitenaufprallschutz, Sicherheitsgurte, einen Überrollkäfig und eine Teleskop-Lenksäule. All diese Innovationen setzen sich zum Teil zwar Jahrzehnte später durch, der »Aurora« aber wurde zum Flop

Saugschwach

Genau 5126 Prototypen (o.) seines beutellosen Staubsaugers verwarf der Erfinder James Dyson – erst ein Modell von 1993 brachte den kommerziellen Durchbruch

trachten das Misslingen als Herausforderung, als Problem, das es zu lösen gilt.

Im Vergleich dazu zeigt sich bei jenen, die eine Fehlentscheidung als Zeichen für eine persönliche Minderwertigkeit empfinden, eine gegenteilige Reaktion: Ihre Aufmerksamkeit sinkt, das Gehirn fährt seine Aktivität ein Stück weit herunter – gerade so, als würden Betroffene davor zurückschrecken, sich mehr als irgend nötig mit einem Missgriff zu beschäftigen.

Der Unterschied in der Funktionsweise des Gehirns hat Folgen. Das zeigten Forscher bei einem Experiment, in dem sich Ärzte mit einem neuen Medikament vertraut machen sollten.

Um zu üben, unter welchen medizinischen Umständen das Präparat eine geeignete Wahl war und wann nicht, studierten die Mediziner fiktive Patientengeschichten und entschieden daraufhin, ob sie dem Erkrankten das Mittel verschreiben würden. Anschließend erfuhren sie, ob sie richtig gelegen oder ob sie einen Behandlungsfehler gemacht hatten.

Jene Ärzte, bei denen das Gehirn aufmerksam auf Fehler reagierte, lernten sehr viel schneller, in welchen Fällen das neuartige Medikament zu verabreichen war.

Ihre Kollegen, die nach Fehlurteilen gewissermaßen mental abschalteten, zeigten dagegen nur wenig Verbesserung. Sie lagen weiterhin vergleichsweise oft falsch mit ihrer Einschätzung.

Neigen Menschen dazu, ihre Fehler zu ignorieren, verbirgt sich dahinter oft das Phänomen der „kognitiven Dissonanz". Mit diesem Begriff bezeichnen Psychologen einen inneren Widerspruch: Einerseits will sich ein Mensch selbst als wertvoll, fachkundig, urteilsfähig empfinden – etwa als kompetenter Arzt. Hat er allerdings einen Fehler gemacht, ist er nun damit konfrontiert, dass seiner Wunschvorstellung offensichtlich etwas entgegensteht.

Um diesen Widerspruch zu lösen, beginnen die Betreffenden oft unbewusst zu leugnen, dass überhaupt etwas falsch gelaufen sei – mit zum Teil skurrilen, scheinlogischen Argumenten: So reden sich manche Raucher, die aufhören wollen, aber nach einigen Tagen rückfällig werden, ein, dies sei ohnehin besser für sie. Schließlich würden sie ohne die Nikotinzufuhr mehr essen – und damit zunehmen, was ja ebenfalls ein Gesundheitsrisiko sei.

Mancher entbindet sich gar von aller Schuld. Kognitive Dissonanz kann der Grund dafür sein, dass eine Frau, die ihren Mann betrügt und die Beziehung ruiniert, gleichzeitig ihren Partner aufs Übelste kritisiert und nichts Positives an ihm findet. Es ist ihr quasi unmöglich, den Wunsch „Ich bin ein anständiger Mensch" mit der Er-

Was verschafft manchen Menschen ihr enormes Durchhaltevermögen?

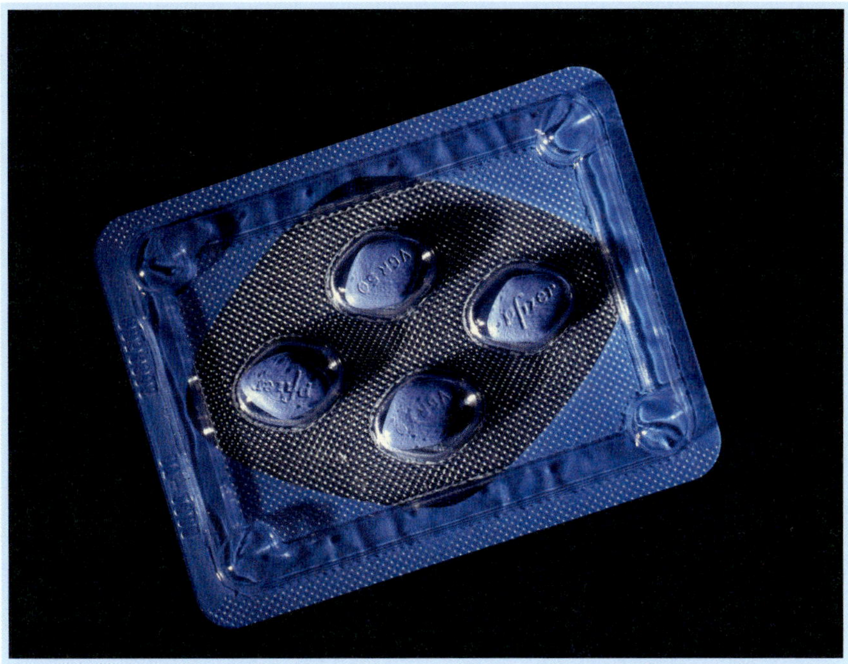

Nebeneffekt

Der Wirkstoff Sildenafil wurde gegen eine Herzkrankheit entwickelt, doch Studien verliefen enttäuschend – bis sich zeigte: Er hilft bei Erektionsstörungen

kenntnis „Ich habe den anderen tief verletzt“ in Einklang zu bringen. Wenn sie dem Partner alle Verantwortung zuschiebt, entlastet sie das eigene Ego.

Umgekehrt lernen wir vermutlich gerade dann am besten, wenn wir uns mit Dingen beschäftigen, die wir verkehrt gemacht haben. Darauf weisen andere Experimente hin. Offenbar verinnerlichen wir Erkenntnisse, die aus Fehlern entstehen, besonders tief.

Und so sehr es auf der Hand liegt: Fehlschläge bergen oft auch eine Chance. Wer unbefangen und nicht zu verbissen mit ihnen umgeht, dürfte dies leicht erkennen. Denn im Scheitern steckt oft der Keim für unerwartete und aufregende Entdeckungen.

Studien belegen auch, dass Menschen kreativer sind, wenn sie nicht jedes Risiko scheuen und keine übertriebene Angst haben, sich möglicherweise falsch zu entscheiden. Und dass all jene, die ein Scheitern um jeden Preis verhindern wollen, Fehlschläge oft nur verschlimmern: Sie klammern sich selbst dann noch an Vorhaben und Ideen, wenn die bereits als hoffnungslos falsch widerlegt worden sind.

Einen überdurchschnittlich guten und gesunden Umgang mit Fehlern zeigen viele von uns bei einer ganz bestimmten Freizeitbeschäftigung – dem Spielen. Forscher haben herausgefunden: Bei derartigem Zeitvertreib, den man nicht allzu ernst nehmen muss, wollen Menschen regelrecht scheitern, jedenfalls von Zeit zu Zeit. Ein Spiel, bei dem man immer nur gewinnen würde, gilt als langweilig. Und nur wenn man auch verlieren kann, macht es richtig Spaß.

N

Natürlich ist das Leben kein Spiel, das man Runde für Runde neu beginnen kann. Dennoch zeigt sich immer wieder, dass Phasen des Misslingens zu kostbaren Erfahrungen zählen können.

Als Steve Jobs, der Mitgründer von Apple, sich in jungen Jahren entschied, sein Studium abzubrechen, füllte er die freie Zeit mit einem Kalligrafie-Kurs. Jahre später inspirierte ihn dieser Ausflug ins Schönschreiben zur Entwicklung der optisch ansprechenden Zeichensätze, die schließlich dazu beitrugen, Macintosh-Computer so beliebt und berühmt zu machen.

Oder Anne Koark: Die in Deutschland lebende Britin hatte ein erfolgreiches Unternehmen aufgebaut, um ausländische IT-Firmen zu betreuen, die hierzulande eine Niederlassung errichten wollten. Das Geschäft boomte. Sie bot den Unternehmen Räumlichkeiten zur Miete an, doch es gab weitaus mehr Anfragen als Fläche.

Deshalb entschied sich Anne Koark, die Fläche zu verdoppeln. Das war ein Fehler, sagt sie rückblickend. Und wurde ihr zum Verhängnis. Denn dann kam der 11. September 2001 – und mit einem Schlag blieben die Anfragen der ausländischen Firmen aus.

Kurz vor ihrem 40. Geburtstag war ihre Firma pleite. Und die alleinerziehende Mutter zweier Kinder haftete mit ihrem Privatbesitz. Ihre Wohnung wurde verkauft, die Altersvorsorge aufgelöst, das Auto musste sie abgeben, alle Einkünfte, die sie fortan noch hatte, wurden bis aufs Existenzminimum gepfändet. Nur rund 200 Euro blieben ihr pro Monat, um sich und die Kinder über die Runden zu bringen. Um zu sparen, kaufte sie im Supermarkt preisreduzierte Milch kurz vor dem Verfallsdatum und fror sie ein.

Doch Anne Koark beschloss, ihr Scheitern nicht zu verstecken. Sie schrieb ihre Erfahrungen auf und veröffentlichte sie auf einem Internetportal. Ein mutiger Schritt, für den sie Hunderte von Dankesbriefen bekam. Schließlich entschied sie sich, ein Buch zu dem Thema zu verfassen.

Das Werk wurde ein Bestseller, die Autorin für Vorträge gebucht, in TV-Sendungen eingeladen, sie sprach vor Mitarbeitern der Europäischen Union, bekam Auszeichnungen.

Als „furchtbar“ hatte Anne Koark den Bankrott ihrer Firma empfunden. Doch dann stellte sie fest: Mit dem Scheitern begann letztlich ein neues – überaus gelungenes – Kapitel in ihrem Leben. „Ich habe die Angst vor dem Verlieren verloren“, sagt sie heute.

So lässt sich, bei aller Last, die Fehltritte mit sich bringen, ein überaus ermutigender Schluss ziehen: Wer bereit ist, aus Irrtümern und Rückschlägen zu lernen, für den kann tatsächlich jede Entscheidung wertvoll sein.

Auch eine falsche. ‹

Der mutige Schritt ins Ungewisse

Unzufriedene sehnen sich oft nach einem Neubeginn. Doch weshalb geht kaum jemand diesen Schritt? Wieso verharren wir so oft im alten Trott? Hier erzählen Frauen und Männer, wie eine gewagte Entscheidung ihr Leben zum Guten wendete

JOHANNES HÖLSS, 37, FRANKFURT

Eine Vision wird wahr

Sein Job in der Bank erschien dem Angestellten zunehmend sinnlos – dann fasste er Mut zum Umbruch

»Nach zehn Jahren kam die Ernüchterung: Ist das, was ich hier mache, gut für irgendjemanden? Ich hatte eine Vision: Frankfurt zur Fahrradhauptstadt werden lassen. Das Fahrrad fasziniert mich als einfaches Mittel, Städte ökologischer zu machen. 2012 eröffnete ich mein erstes Geschäft. Inzwischen haben wir uns als Dienstleister auf Lastenräder fokussiert. Mein anfängliches Ziel, nach zwei Jahren rentabel zu sein, habe ich zwar nicht erreicht. Wenn es danach geht, hätte ich längst aufgeben müssen. Aber ich kann meine Umwelt ein Stück besser machen. Das treibt mich bis heute an. Ich bin unglaublich zufrieden mit dem, was ich tue.«

TEXT:

Constanze **Kindel**

JULIA KAMENIK, 47, BONN

Der eigenen Stimme vertraut

Ein Gewinn und eine Kündigung gaben dem Leben der Chemikerin und Sängerin zweimal eine neue Richtung

»Ich bin in einer sehr musikalischen Familie aufgewachsen, studierte dann aber Chemieingenieurwesen. Vier Jahre arbeitete ich als Unternehmensberaterin im Umweltmanagement. Aus Spaß nahm ich nebenbei an Gesangswettbewerben teil – und gewann. Als dann das Angebot kam, für ein Jahr an die Oper nach Straßburg zu gehen, entschied ich mich dafür. Was für eine Erleuchtung, hier gehörte ich hin! Zwölf Jahre war ich danach am Theater in Bonn engagiert, bis die Kündigung kam – und die Krise. Mit 42 war ich gezwungen, mich nochmal völlig neu zu erfinden. Es gelang. Heute arbeite ich als Business-Coach für mehr Präsenz bei Führungskräften.«

Gehen oder bleiben. Fünf Jahre brauchte Ingrid Mumm für diese Entscheidung. Fünf Jahre, in denen die Angst sie quälte, nicht zu wissen, ob sie das kann: unabhängig sein, ihr eigenes Geld verdienen. Sie war Mitte 40, Mutter von drei Kindern, keine Ausbildung, kein Studienabschluss, nie einen Beruf gelernt.

Aufgewachsen war sie in der oberfränkischen Provinz und früh aus der Enge geflüchtet. Mit 18 Jahren ging sie als Au-pair in die Schweiz, wurde schwanger, kehrte nach Deutschland zurück. Drei Jahre war sie alleinerziehend, bis sie ihren Mann kennenlernte. Sie heirateten, er adoptierte ihre Tochter, zusammen bekamen sie zwei weitere Kinder.

Als alle drei fast erwachsen waren, merkte Ingrid Mumm, dass ihre Ehe längst nicht mehr glücklich war. Und dennoch fiel es ihr unendlich schwer, sich einzugestehen, dass sie gescheitert war mit dem Projekt Familie.

Der Wunsch nach Veränderung entsteht bei vielen in der Lebensmitte. Und wird häufig wieder verdrängt, weil da zu viele Verpflichtungen sind – und zu wenig Hoffnung, dass ein anderes Leben überhaupt möglich ist. Viele bleiben, statt zu gehen. Wehren ab, schieben auf. Halten aus, halten fest, statt loszulassen, so lange es eben geht.

Wenn sie trotz allem festgehalten hätte am Familienleben, sagt Ingrid Mumm, „dann wäre ich Sachzwängen gefolgt, nicht meinem Herzen". Sie ist heute 64 Jahre alt,

15 Jahre liegt die Trennung von ihrem Mann zurück, ein Ende ohne Dramen: Das Haus wurde verkauft, die Ehe geschieden, sie zog vom Land in die niedersächsische Stadt Celle.

Ingrid Mumm wollte keinen Scheidungskrieg, nicht jahrelang Prozesse führen: „Ich wollte wissen: Kann aus mir eine Frau werden, die sich alleine in den Zug setzt und nicht wartet, dass einer mitkommt?"

Die Trennung war die erste von vielen Entscheidungen, die sie in den folgenden Jahren traf, mit allem Zögern, allen Zweifeln. Auf einen Job als Bürokraft bei der örtlichen Aidshilfe folgten erste Anfragen für größere Projekte, für die der Landesverband der Aidshilfe sie gewinnen wollte, die Quereinsteigerin. Auf die Projekte folgte eine Festanstellung als Landeskoordinatorin Aids, Kinder und Familie. Dann kamen immer neue Herausforderungen, Vorträge bei Konferenzen, ein Konzept zur Gesundheitsprävention für das Sozialministerium, das in Niedersachsens umgesetzt wird.

Ihre Entscheidung für die Trennung fühlt sich heute an wie ein Geschenk, sagt Ingrid Mumm. Wenn sie in Rente geht, wird sie noch einmal aufbrechen: In Spanien sucht sie nach einem Ort, um dort ein Seminarhotel aufzubauen, spezialisiert darauf, Frauen in sozialen Berufen zu stärken.

Vielleicht verliert sich mit dem ersten großen Neuanfang die Angst vor allen weiteren. Aber der Entscheidung für diesen einen, ersten Neuanfang weichen viele lange aus – und

RETO BAUMGARTNER, 52, AARBERG

Vom Glück der Bescheidenheit

Seit einem Neuanfang verdient der Ex-Manager weniger Geld, hat aber wieder Freude an der Tätigkeit

»Es war ein Kampf. Neun Monate lang habe ich hin und her überlegt: Wovon willst du leben? Du kannst deine Karriere doch nicht hinschmeißen. Ich war Finanzchef bei einem Schweizer Bahnunternehmen, hatte mich hochgearbeitet. Ich hätte weitermachen können bis 65. Nur: Macht das Spaß? Ich wollte lieber Uhren bauen. In der Ausbildung zum Uhrmacher war ich nicht der Geschickteste. Die Feinmotorik lässt mit dem Alter nach. Aber mit purer Passion habe ich diesen Nachteil wettgemacht. Ich habe gelernt, an mich zu glauben und meine Komfortzone zu verlassen. Heute verdiene ich nur noch ein Viertel meines früheren Gehalts, aber ich bin viel glücklicher.«

EVA WIENERS, 34, KATHMANDU

Neustart mit Kind im Ausland

Die Münsteranerin wollte einen aufregenden Job – und mehr Zeit für ihre Tochter. Sie fand beides: in Nepal

»Für meine Stelle bei einer Consultingfirma musste ich um vier Uhr aufstehen, mein Kind abgeben, pendeln. Ich war immer müde, ungeduldig, nicht mehr die Mutter, die ich sein wollte. Als 2012 das Angebot für die Leitung eines Agroforstprojekts in Nepal kam, habe ich nicht lange überlegt. Dort konnte ich meine zweijährige Tochter sogar öfter mit zur Arbeit nehmen. Inzwischen leben wir in Kathmandu, ich berate Hilfsorganisationen, schreibe Texte. Es ist nicht alles rosarot, aber auch nicht mehr dieser Trott, wo sich ein Jahr wie das andere anfühlt.«

manche für immer. Das Neue zieht an, schreckt uns aber auch ab. Statt den Neuanfang zu wagen, entscheiden wir uns allzu oft für das Bekannte. Für das Gewohnte, das Vertraute, für eine Komfortzone, die manchmal längst keine mehr ist.

Zu vielen großen Veränderungen kommt es schon früh im Leben, irgendwann zwischen Schulabschluss und 30. Geburtstag. So war es auch bei Eva Wieners, heute 34, die immer schon den Wunsch hatte, auszuwandern. Nach dem Abitur arbeitete sie zwei Jahre lang als Freiwillige in einem Ökoprojekt in Ecuador. Später studierte sie in Deutschland und Spanien Geografie; für ihre Diplomarbeit über Bodenerosion kehrte sie dann zurück nach Südamerika.

Nach ihrem Uni-Abschluss in Deutschland wollte sie gleich wieder weg. Aber sie wurde schwanger, und statt ins Ausland zu ziehen, ging sie in die Elternzeit.

Ein Jahr nach der Geburt der Tochter zerbrach die Beziehung zum Vater ihres Kindes. Als Alleinerziehende fühlte sich Eva Wieners aufgerieben zwischen Familie und Beruf.

Und weil sie beides miteinander vereinbaren wollte, wanderte sie 2012 mit ihrer zweieinhalb Jahre alten Tochter nach Nepal aus. Drei Jahre lang betreute sie dort in einem Gebirgsdorf für einen Entwicklungshilfeverein ein Agroforstprojekt und schrieb an ihrer Dissertation. Heute arbeitet sie in Kathmandu selbstständig als Autorin, Bloggerin und Beraterin für Projekte anderer Hilfsorganisationen.

Damals sei sie einfach losgezogen, sagt sie: Doktorarbeit angemeldet, Job gekündigt, Wohnung aufgelöst, alles in ein paar Wochen, nicht lange überlegt, ob das überhaupt geht: auswandern mit einem Kleinkind in ein Entwicklungsland. Wenn nicht, wären sie eben zurückgekommen.

Den meisten von uns kommt der Mut zu solchen Entscheidungen abhanden. Manchen fehlt er von Anfang an.

Schon Kinder unterscheiden sich deutlich in ihrer Offenheit für neue Erfahrungen. Langzeitstudien zeigen, dass sich an dieser Tendenz bis ins Erwachsenenalter wenig ändert: Wer als Kind eher bereit war, sich auf Neues einzulassen, ist es auch später noch; wer neuen Erfahrungen zögerlich oder abwehrend begegnet, zeigt sich auch als Erwachsener kaum aufgeschlossener.

Es ist wohl schon in den Genen angelegt, wie stark man das Bedürfnis nach neuen Eindrücken, Abwechslung, Herausforderungen spürt: So entscheiden Varianten auf bestimmten Abschnitten der DNS mit darüber, wie im Nervensystem die Signalübertragung mit dem Botenstoff Dopamin erfolgt, der verantwortlich ist für unsere Antriebskraft. „Sensation Seeking" heißt dieses Persönlichkeitsmerkmal, das unser Verhältnis zu neuen Erfahrungen und Erlebnissen bestimmt.

Am einen Ende der Skala finden sich die extremen Sensation Seeker, die immer auf der Suche nach Neuem sind, auch (oder gerade) wenn sie dafür Risiken eingehen müssen. Am anderen Ende: diejenigen, die oft alles Ungewöhnliche ablehnen und neue Erfahrungen gezielt vermeiden.

Die meisten Menschen liegen irgendwo zwischen diesen beiden Polen: Je weniger sie dabei zu verlieren haben, desto eher lassen sie sich auf Neues ein. Dabei sind nicht alle Sensation Seeker gleich. Der US-Psychologe Marvin Zuckerman hat sie in vier Kategorien unterteilt:

- In die erste fallen die Adrenalin-Getriebenen – Free-climber, Basejumper, Höhlentaucher, Klippenspringer und alle, die einen Hang zu Extremsportarten und anderen Aktivitäten teilen, die maximale Spannung und Risiko bringen;
- andere suchen so viel Abwechslung wie möglich, neue Menschen, neue Orte, sammeln Erlebnisse und Eindrücke;
- bei manchen Sensation Seekern zeigt sich die Furchtlosigkeit vor Neuem darin, dass ihnen in sozialen Situationen die Hemmungen fehlen; wo andere Menschen ihr Verhalten sorgfältig kontrollieren, handeln sie, ohne lange über die Konsequenzen nachzudenken;
- und wieder andere sind sehr schnell gelangweilt. Sie mögen keine Wiederholungen, keine Routine, sie werden rastlos, wenn sie nicht ausbrechen können.

Klemens Bruch gehört zu den Menschen, die einen Alltag ohne Abwechslung schlecht ertragen. „Wenn ich ein paar Jahre im gleichen Trott war, brauche ich Veränderung", sagt der 58-jährige Jurist: „Ich bin immer für alles offen."

Kurz nach dem Mauerfall, Bruch war Ende 20 und gerade als Anwalt zugelassen, zog er aus Marburg nach Mecklenburg-Vorpommern, mitten hinein in Chaos und Aufbruchstimmung der Wendejahre. In Wismar eröffnete er mit seiner Frau und einem Kollegen eine Kanzlei, die auf Bau- und Gesellschaftsrecht spezialisiert war. Sehr gefragt, aber nicht gerade Bruchs Leidenschaft.

Als zehn Jahre später seine Ehe scheiterte, musste er wählen: die Kanzlei umbauen – oder ganz anders weiter. Er startete neu und wurde Fernfahrer (schon im Jurastudium hatte er sich so Geld verdient). Für eine Spedition chauffierte er 60 Tonnen schwere Gigaliner bis an den Polarkreis, im Winter bei minus 50 Grad, fuhr quer durch Europa. Fast zehn Jahre vergingen so, bis er sich wieder entscheiden musste: für eine neue Liebesbeziehung, gegen das Nomadenleben.

Heute arbeitet er wieder als Anwalt, Verkehrsrecht, die meisten seiner Klienten sind Lkw-Fahrer. Klemens Bruch sagt, er habe seine Mission gefunden.

Mit welchen Voraussetzungen wir auch immer gestartet sind, ob wir Veränderungen eher suchen oder meiden: Im Laufe des Lebens nimmt die Offenheit für Neues ab. Mit den Jahren stehen wir Risiken immer skeptischer gegenüber.

Allerdings gibt es Ausnahmen von dieser Regel. Besonders in zwei Lebensphasen ist die individuelle Risikobereitschaft veränderbar, haben Forscher festgestellt: Bis zum Alter von rund 30 Jahren und ab etwa 65 sind Menschen eher bereit, Risiken einzugehen – also in Zeiten, die oft ohnehin von Umbrüchen und prägenden Ereignissen wie Berufsbeginn oder Renteneintritt gekennzeichnet sind.

Und dazwischen? Hält die Furcht die meisten ab. Die Angst vor dem Neuen, vor dem Unbekannten. Das Grundbedürfnis nach Sicherheit ist tief verankert. Sie hängen an dem, was sie kennen, auch wenn es sie längst nicht mehr glücklich macht. Das Gewohnte verspricht Schutz.

Alles Neue dagegen: pures Risiko. Die Furcht vor dem Scheitern wirkt stärker als jede Aussicht auf Erfolg. Wer stillhält, kann nicht fallen. Denn neue Erfahrungen sind

KLEMENS BRUCH, 58, WILNSDORF

Der Sehnsucht gefolgt

Nach zwei Neuanfängen vereint der Jurist aus dem Siegerland heute zwei Leidenschaften in einem Job

»Bei der Bundeswehr habe ich den Lkw-Führerschein gemacht und im Jurastudium Geld als Fernfahrer verdient. Damals habe ich immer gesagt: Irgendwann fahre ich wieder. Als meine Ehe scheiterte und meine Frau unsere gemeinsame Kanzlei verließ, dachte ich: Warum nicht jetzt? Knapp zehn Jahre war ich quer in Europa unterwegs. Dann verliebte ich mich neu, wurde wieder sesshaft – und fand eine Traumstelle als Anwalt für Verkehrsrecht. Ich hatte Glück und weiß: Ich hätte mir selber nie verziehen, wenn ich damals gekniffen hätte.«

CHRISTOPH KELLER, 49, EIGELTINGEN

Bereit zur Ungewissheit

Der Obstbrenner aus Eigeltingen löste sein florierendes Geschäft auf und sucht eine neue Aufgabe

»Ich war Verleger für Kunstbücher. Als wir in eine Mühle auf dem Land zogen, ging das dortige Brennrecht auf uns über. Die Obstbrennerei war zunächst nur ein Hobby. Aber wir wurden immer besser, gewannen Wettbewerbe, entwickelten eine Gin-Marke. Dann kam die Erkenntnis: Es wird zu viel. 2018 schlossen wir den Betrieb, trotz des Erfolgs. Das stieß auf viel Unverständnis. Aber es war dennoch richtig. Ich möchte mir jetzt ein Jahr Zeit nehmen, um Altes zu verarbeiten, mich neu zu sortieren – und neu herauszufinden, was ich nun wirklich noch tun will.«

anstrengend. Alles Ungewohnte ist ein Kraftakt: für die Psyche – und für das Gehirn.

Selbst im Ruhezustand verbrauchen die etwa 80 Milliarden Nervenzellen unseres Denkapparates Unmengen an Energie. Deshalb ist es darauf ausgerichtet, möglichst viele Programme automatisch abzuspulen: Prozesse und Verhaltensweisen, die möglichst wenig Aufmerksamkeit und Konzentration erfordern und entsprechend wenig Energie benötigen. Gewohnheiten, die unbewusst ablaufen.

Das Gehirn ist auf Routine ausgerichtet, und es belohnt diese Automatismen, indem es Opioide ausschüttet, die beruhigend wirken. Routine hat einen Wohlfühlfaktor. Wer sich auf Ungewohntes einlässt, muss darauf verzichten.

Kein Wunder, dass vielen Menschen das Loslassen am ehesten gelingt, wenn sie unter Druck stehen, wenn das Altbewährte nicht mehr zu ertragen ist: ein Neuanfang aus der Krise. Je größer die Krise, desto leichter fällt der Abschied. Wer leidet, hat mit einem Aufbruch wenig zu verlieren.

Schwieriger ist es mit den freiwilligen Neuanfängen: die Träumen folgen und Wünschen und nicht einer unbequemen Wirklichkeit.

Reto Baumgartner hat fast ein Jahr lang überlegt, ob er aufgeben wollte, was er erreicht hatte. Er war Finanzchef eines Schweizer Bahnunternehmens, hatte sich hochgearbeitet. Seine Aufgabe machte ihm Spaß, aber der Ellbogeneinsatz, den die Position verlangte, lag ihm nicht. Und er hatte eine ganz andere Leidenschaft: Uhren.

Seit er mit Mitte 20 die erste gekauft hatte, begeisterte ihn die Präzision ihrer Werke. Er begann zu sammeln und zu lernen, nahm Zeitnehmer auseinander und setzte sie wieder zusammen, lernte bei Uhrmachern die Grundbegriffe des Handwerks. Und irgendwann kam der Gedanke: Uhren bauen, das könnte sein Beruf sein.

Nur ist ein Finanzchef tendenziell vorsichtig, sagt Reto Baumgartner heute. Er fragte sich: Willst du das Erreichte wirklich einfach so aufgeben? Es dauerte Monate, bis er sich entschied und seinen Job kündigte.

Alles Ungewohnte ist ein Kraftakt: für Psyche und Gehirn

Er rechnete damit, dass Kollegen sagen, deine Karriere willst du hinschmeißen wegen popeliger Uhren? Und dann sagten sie stattdessen, meine Güte, das will ich auch. Es war erschreckend, erinnert sich Baumgartner, wie viele Leute diese Träume haben. Und sich nie trauen, sie zu leben. Nicht einmal, sie auszusprechen.

Er folgte seinem Traum, Schritt für Schritt: Ausbildung zum Uhrmacher, eigener Laden, eigene Uhrenmarke.

Vielleicht 150 Stück verkauft er heute im Jahr, jedes einzelne ist mit Herzblut gebaut, aber allein davon könnte er nicht leben. Nebenbei nimmt er deshalb Aufträge als Unternehmensberater an. Anfangs war das reine Notwendigkeit, ein Zugeständnis an seinen Traum. Heute findet er: Es ist ein Luxus, in zwei Welten leben zu können.

Abwägen und berechnen, Kosten und Nutzen, Pro und Kontra: Das alles geht nur bis zu einem bestimmten Punkt, sagt Katrin Rohrmann. Was danach kommt, kann man nicht mehr mit Zahlen und Wahrscheinlichkeiten beantworten. Wer entscheiden will, muss fühlen.

Als sie ihre Entscheidung traf, war Katrin Rohrmann Anfang 30, arbeitete im Credit Risk Management einer Großbank und fragte sich, ob das jetzt alles gewesen sei. Kein Gefühl von Sackgasse, eher: Unruhe. Unzufriedenheit.

Sie entschied sich, zehn Urlaubstage im Kloster zu verbringen, um sich auseinanderzusetzen mit diesem Gefühl, der Frage, ob es nicht mehr geben müsse im Leben.

Glaube, Kirche: Das gehörte schon lange zu ihrem Alltag. Katrin Rohrmann wuchs katholisch auf, die Familie engagierte sich in der Pfarrgemeinde, Katrin und ihr Bruder waren Messdiener in Gottesdiensten. Später, im Studium, rückte der Glaube in den Hintergrund. Jetzt spürte sie, dass sie ihm viel mehr Platz geben könnte in ihrem Leben.

Zehn Tage im Kloster der Missions-Benediktinerinnen in Tutzing am Starnberger See: Was als Auszeit geplant war, fühlte sich an wie Nachhausekommen. Immer wieder verbrachte sie danach Wochenenden in der Abtei, in der Weihnachtszeit, zu Ostern, so vergingen drei Viertel eines Jahres, dann war sie sich sicher.

Zwei, drei Monate nur lagen zwischen ihrer Kündigung und dem Eintritt ins Kloster. Für Wehmut blieb keine Zeit.

Sie löste ihre Wohnung auf, reiste noch einmal mit Eltern und Bruder in den Skiurlaub. Dann wurde aus ihr Schwester Katharina. Aus dem Singleleben in die Großgemeinschaft des Klosters zu ziehen: Ein bisschen, sagt sie, fühlte sich das an wie eine Ehe, bei der man die Familie mit heiratet.

Zeiten des Umbruchs bleiben lange im Gedächtnis haften

Sie hat nie gezweifelt an ihrer Entscheidung. Später, als sie sich längst entschlossen hatte, fand sie ein Gedicht, wie gemacht, um Neuanfänge zu begleiten, Paul Roth, „Ja oder Nein". 23 Zeilen darüber, was es bedeutet, für sein Leben zu entscheiden: Jede Wahl ein Verzicht. Ein Wagnis, weil niemand wissen kann, was danach kommt. Und eine Zielbestimmung: wohin, wofür?

Es hilft, auf die innere Stimme zu hören, sagt Schwester Katharina. Bei allem Pro und Kontra eine Entscheidung nicht nur mit dem Kopf anzugehen, sondern zu vertrauen: auf Gott oder das eigene Gefühl.

Rein rationale Entscheidungen gebe es ohnehin nicht, erklärt der Bremer Neurowissenschaftler Gerhard Roth. Gleichgültig, wie lange man sie überdacht hat, wie genau sie abgewogen sind: Neue Vorhaben seine immer emotional. Jedes rationale Argument, das sie beeinflusst, sei gefärbt von Erwartungen und Befürchtungen. Je wichtiger eine Entscheidung sei, desto mehr wirke unser Unterbewusstsein mit. Und nur mit Beschlüssen, die ihre Gründe auf der Gefühlsebene hätten, seien wir am Ende zufrieden.

Jede Entscheidung für Veränderung wird zur Wegmarke im Leben. Umbruchzeiten bleiben im Gedächtnis. Weil Unbekanntes dem Gehirn mehr Aufmerksamkeit abverlangt, speichert es neue Eindrücke besonders gründlich. Dass sich Menschen im Alter an ihre Jugend genau erinnern können, liegt vor allem an den vielen Neuanfängen und ersten Malen, die diese Zeit mit sich bringt: Es sind diese Übergänge, an denen sich unser autobiografisches Gedächtnis orientiert.

Wie nachdrücklich neue Erfahrungen unser Leben beeinflussen, haben Forscher in den USA anhand von Tagebuchaufzeichnungen untersucht: Je vielfältiger die Erinnerungen waren, desto zufriedener waren Menschen mit ihrem Leben. Möglichst große Abwechslung machte die Tagebuchschreiber glücklicher – und zwar anhaltend.

Max Hawkins hat die Suche nach neuen Erfahrungen im ganz normalen Alltag perfektioniert. Der 28-jährige Software-Entwickler aus Los Angeles wollte ausbrechen aus seiner Routine und übergab die Entscheidungshoheit über sein Leben nach und nach an eine Reihe eigens programmierter Apps. Anfangs ließ er sich von einem Taxi an zufällig bestimmten Zielen in seiner Heimatstadt absetzen, in Gegenden, in denen er nie zuvor gewesen war. Später ließ er sich zu willkürlich ausgewählten Veranstaltungen schicken: Pfannkuchenfrühstück im Gemeindezentrum, Akrobatik-Yoga, eine private Weihnachtsfeier, auf der er keinen Menschen kannte.

Die meisten hätte er von sich aus nie besucht. Aber der Computer kümmerte sich nicht um seine Interessen und Gewohnheiten. Hawkins war gezwungen, sich herausfordern zu lassen. Anders auf seine vertraute Welt zu schauen.

Schließlich ging er in seinem Experiment noch einen Schritt weiter: endgültig raus aus der Komfortzone. Mehr als zwei Jahre lebte er zum größten Teil ein Zufallsleben, ließ die App entscheiden, in welche Länder, an welche Orte er reiste und was er dort tat. Landete in einer Kleinstadtbar in

PHILIPP VON MIRBACH, 57, AUGSBURG

Auf die neue Rolle eingelassen

Der Schauspieler wechselte in die Altenpflege und fühlt sich nun erfüllt von der neuen Aufgabe

»Ich war 30 Jahre lang Schauspieler: Theater, Film, Fernsehen. Die Arbeit mit Worten hat mich begeistert – und ermüdet. Als mein Vertrag am Theater endete, spürte ich: Ich will das nicht mehr. Ich ließ mich coachen, fand bei einem Praktikum in einer Senioreneinrichtung eine neue Aufgabe. Heute arbeite ich als Pflegehelfer, Heilpraktiker für Psychotherapie und leite Sportkurse für Demenzkranke. Ich habe gemerkt: Das passt. Ich kann auch in diesem neuen Bereich kreative Ideen und Energien einbringen und Menschen berühren.«

Iowa, auf einer Kundgebung in Berlin, bei Ziegenhirten in Slowenien – und stellte am Ende fest: Wir sollten dem Unsicheren viel offener begegnen. Es lohnt sich.

Hawkins ließ den Zufall bestimmen, welche Musik er hörte, welche Kleidung er trug, in welchen Restaurants er aß. Heute glaubt er nicht mehr an glückliche Zufälle. Solche Wendungen, sagt er, kommen nicht aus dem Nichts, als plötzliche Fügung: Es ist unsere Ausrichtung auf die Welt, die Glück bedingt. Angefangen mit dem ganz Alltäglichen.

So sehr wir uns auch nach Stabilität sehnen: Zu viel Routine tut uns nicht gut. Das Gehirn profitiert von Unbeständigkeit, zeigen Studien: Immer dann, wenn wir uns Situationen aussetzen, deren Verlauf und Ausgang wir nicht vorhersagen können, treibt eben diese Ungewissheit Lernprozesse an.

Ein Münzwurf kann Menschen glücklich machen

Denn neue, positive Erfahrungen aktivieren im Gehirn die gleichen Schaltkreise, die uns in der frühen Verliebtheitsphase einer romantischen Beziehung in Überglücksgefühle stürzen: Das Belohnungssystem reagiert mit einer Flut von Botenstoffen.

Schon kurze Erlebnisse genügen, um diese Glückskaskade auszulösen. Neue Musik zum Beispiel, ein Stück, für das wir uns beim ersten Hören spontan begeistern: Schon wenige Sekunden reichen aus, so stellten kanadische Forscher fest, um das Belohnungszentrum des Gehirns in Aktion zu versetzen.

Für Paare funktionieren gemeinsame neue Erfahrungen gar als Beziehungskitt. Wer sich zu zweit auf neue Herausforderungen einlässt, ist langfristig glücklicher, zeigten US-Forscher in mehreren Studien. Für ein Experiment sollten Paare jeweils 90 Minuten pro Woche gemeinsam etwas unternehmen. Die Probanden einer Gruppe wählten das Übliche, gingen essen oder ins Kino. Die Vergleichspaare wagten gezielt Ungewohntes, das beide Partner interessierte, aber auch für beide neu war, etwa Skifahren, Wandern, Tanzen.

Das Ergebnis: Auf die Beziehungszufriedenheit wirkte Veränderung positiver als vertraute Rituale – fast so, als würde man das Frischverliebtheitsgefühl aus der Anfangszeit einer Beziehung wiederherstellen, erklärt der Psychologieprofessor Arthur Aron, der den Neuheitseffekt in dieser und anderen Studien und Laborexperimenten erforscht hat.

Das Gefühl von Neuheit, Aufregung, Herausforderung verbindet uns mental mit der Person, mit der man das Erlebnis teilt; so stärken neue Erfahrungen die Beziehung.

Wenn schon kleine Veränderungen so viel ausrichten: Was können dann große Umbrüche bewirken?

Der US-Wirtschaftswissenschaftler Steven Levitt hat getestet, ob sich solche Veränderungen langfristig richtig anfühlen – oder ob Menschen jene großen Entscheidungen im Leben, mit denen sie lange gerungen haben, bereuen, weil der Schmerz über eine womögliche Fehlentscheidung sofort kommt, der Gewinn dagegen erst später, wenn überhaupt.

Für ein Experiment rekrutierte Levitt Versuchspersonen, die mit einer Entscheidung kämpften. Auf einer eigenen Website ließ er sie einen Fragenkatalog durcharbeiten, der ihnen helfen sollte, herauszufinden, was sie wirklich wollten, und eine Wahl zu treffen. Diejenigen, die sich im Anschluss daran immer noch mit ihrem Entscheidungsdilemma quälten, ließ er eine virtuelle Münze werfen.

Kopf: Ja zur Veränderung. Zahl: Weiter wie bisher.

Im Verlauf des einjährigen Versuchs ließen sich mehr als 20 000 Menschen per Münzwurf eine Lebensentscheidung abnehmen. Am häufigsten dachten die Probanden über die Kündigung ihres Jobs nach. An zweiter Stelle: ob sie sich von ihrem Partner trennen sollten. Andere überlegten, ein Kind zu bekommen, eine Diät anzufangen, Onlinedating zu probieren, sich ein Tattoo stechen zu lassen.

Für alle Unentschlossenen sollte der Münzwurf die Entscheidung erzwingen: Ja oder Nein, jetzt oder nie. Kein langes Zögern mehr, kein Ausweichen.

Zwei Monate nach dem Münzwurf fragte Levitt alle Probanden nach den Folgen der Entscheidung, weitere vier Monate später noch einmal. Längst nicht alle hatten sich nach dem Resultat des Münzwurfs gerichtet – manche hatten sich trotz gegenteiligem Ergebnis für die Veränderung entschieden, andere umgekehrt dagegen.

Aber die Bilanz war bei allen eindeutig: Die Teilnehmer, die eine große Veränderung umgesetzt hatten, waren nach zwei Monaten glücklicher als zuvor.

Und nach sechs Monaten? Da waren sie noch glücklicher. Besonders glücklich waren diejenigen, die einen Job gekündigt oder sich vom Partner getrennt hatten.

Levitt schloss daraus: Menschen sind generell zu vorsichtig, wenn es um Veränderungen geht – und trauen sich am Ende viel zu wenig. Wer unschlüssig ist, ob er sein Leben auf den Kopf stellen kann, sollte genau dies vermutlich tun.

Höchstwahrscheinlich ist er danach glücklicher. ◂

Warum wir essen, was wir essen

Burger, Hotdog oder Döner Kebab: Wir fühlen uns zu – oft fettreichen – Speisen hingezogen, die uns rasch viel Energie verschaffen. Denn das war für unsere Urahnen einst überlebenswichtig

Die Gemütslage beeinflusst maßgeblich unseren Appetit: So essen wir im Beisein guter Freunde fast doppelt so viel wie ohne Tischgesellschaft

Wenn wir uns für oder gegen eine Speise entscheiden, regiert nicht der Verstand allein. Oft wirken auch unbewusste Impulse in uns. Denn vielfach bestimmen archaische Instinkte, welche Nahrung wir bevorzugen

TEXT:

Bertram **Weiß**

Von unseren Eltern übernehmen wir nicht nur Tischsitten – die Erfahrungen in der Kindheit bestimmen auch mit, welches Essen wir als Erwachsene wählen

Nachahmung: Wie viel wir uns selbst auftischen, so zeigen Studien, hängt auch davon ab, welche Portionen sich andere nehmen

D

Die Suche nach Nahrung ist, so trivial es klingt, ein Urproblem des Lebens. Für die meisten Menschen war sie bis vor nicht allzu langer Zeit die wohl größte Herausforderung des Alltags.

Daher verfügten all unsere Vorfahren über Fertigkeiten, deren Entwicklung weit in die Evolutionsgeschichte zurückreicht und die uns bis heute beeinflussen; sie folgten Instinkten, die uns noch heute im Supermarkt und bei Tisch steuern. Diese Instinkte geben vor, weshalb wir bestimmte Nahrung zu uns nehmen, warum uns manche Geschmacksrichtungen verlocken, andere dagegen abschrecken.

Dabei zeigen sich mächtige, über zahllose Generationen weitergegebene Vorlieben, die aus heutiger Sicht alles andere als gesund sind. Können wir Menschen womöglich gar nicht anders, als uns oft ungesund zu ernähren – beispielsweise zu viel Süßkram zu essen und allzu oft dem Verlangen nach fetthaltigen Speisen nachzugeben?

Diesen Schluss legen zahlreiche wissenschaftliche Studien zumindest nahe. Die Forschungsarbeiten kommen zu dem Ergebnis, dass jeder Mensch angeborene Abneigungen, aber auch ein natürliches Verlangen gegenüber

bestimmten Nahrungsmitteln und Aromen hat. Dass etwa unsere Präferenzen für Süßes keineswegs zufällig entstanden oder lediglich das Ergebnis von Kultur und Erziehung sind.

B

Besonders eindrücklich demonstrierten dies Forscher vor einigen Jahren an Probanden, die bei dem Versuch gerade erst zwei Stunden auf der Welt waren: Im Krankenhaus der University of Pennsylvania träufelten die Wissenschaftler zwölf Neugeborenen nacheinander süße, saure, salzige und bittere Flüssigkeiten auf die Zunge. Dabei beobachteten sie die Reaktionen der Kinder und zeichneten deren Gesichter mit einer Kamera auf.

Es zeigte sich: Bei bitteren Tropfen verschlossen die Kleinen ihre Augen, rümpften die Nase, rissen häufig den Mund auf und streckten die Zunge hervor – gerade so, als wollten sie etwas ausspucken. Auf Saures reagierten sie ähnlich, jedoch weniger heftig; auf Salziges eher teilnahmslos.

Der größte Unterschied offenbarte sich bei süßer Flüssigkeit: Dann entspannten sich ihre Gesichtszüge; und sie schluckten und schluckten, als könnten sie nicht genug bekommen.

Dieses Experiment zeigte eindrücklich, was Wissenschaftler bis dahin nicht so umfassend untersucht hatten: Bereits Neugeborene vermögen verschiedene Geschmacksrichtungen zu unterscheiden, ohne sie je zuvor geschmeckt zu haben.

Für Evolutionsbiologen und Ernährungsforscher ist diese Reaktion ein Beleg dafür, dass die Geschmacksvorlieben zum Teil in unserer menschlichen Urgeschichte wurzeln, sie in unserem Erbgut verankert sind. Denn überleben konnten unsere frühzeitlichen Vorfahren nur, wenn der Nachschub an Essbarem funktionierte. Wer da versagte oder sich gar versehentlich Schädliches in den Mund steckte, hatte geringere Überlebenschancen.

Dabei folgten unsere Urahnen einer naheliegenden Strategie: Die affenähnlichen Vormenschen ernährten sich zwar hauptsächlich von Blättern, Beeren und Wurzeln, verzehrten aber gelegentlich auch Fleisch. Auch die ersten Vertreter der Gattung Homo, die sich vor 2,5 Millionen Jahren entwickelten, hielten hier und da nach Fleisch Ausschau.

Damit kam ein Prozess in Gang, der die Entwicklung des Gehirns förderte. Denn die tierischen Eiweiße und Fettsäuren begünstigten eine Vergrößerung des Denkorgans.

Zudem entdeckte der Mensch das Feuer sowie das Kochen und fand so einen Weg, die wertvolle Energie im Fleisch noch effizienter zu nutzen.

Die Gattung Homo – und mit ihr der *Homo sapiens*, der vor rund 200000 Jahren entstand und sich letztlich gegen alle anderen Menschenarten durchsetzte – war ein Omnivor, ein „Allesfresser".

Das unterschied den Menschen fundamental von den Spezialisten. Löwen etwa fressen vornehmlich Fleisch, sie sind Carnivoren. Antilopen oder Büffel bevorzugen pflanzliche Kost, sie sind Herbivoren.

Der Mensch dagegen ist nicht sehr wählerisch. Er verspeist Fleisch, Fisch und Milch, zudem Nüsse, Früchte, Wurzeln, Knollen, Pilze; auch Algen oder Insekten wie Heuschrecken – und sogar Weichtiere, etwa Muscheln.

Manche *uralte* *Mechanismen* *werden* **uns heute** *zum* **Verhängnis**

Die vielseitige Mischkost stellte den Menschen in seiner Evolutionsgeschichte allerdings auch vor große Probleme. So musste er im Laufe der Evolution vor allem lernen, was genießbar ist, und dieses Wissen erfolgreich an folgende Generationen weitergeben.

Denn während ein Nahrungsspezialist stets mehr oder weniger die immer gleichen Dinge erfassen und sie von der Umwelt unterscheiden muss, ist bei einem Generalisten die Gefahr eines Fehlgriffs, bei dem etwas Unverdauliches, vielleicht sogar Giftiges in den Körper gelangt, deutlich größer.

Denn ob Früchte, Pilze oder Nüsse: Vieles von dem, was nahrhaft erscheint, enthält Giftstoffe, da viele Pflanzen Abwehrstoffe herausgebildet haben, um ihr Überleben zu sichern. Doch schon unsere tierischen Ahnen entwickelten ausgefeilte Mechanismen, um bedrohliche Substanzen zu erkennen: Manche ihrer Sinne formten sich nach und nach zu feinen Sensoren, dank deren schließlich die frühen Menschen Verträgliches und Nährstoffreiches von giftigen Speisen unterscheiden konnten.

V

Vor allem die Augen halfen dem *Homo sapiens*, schon aus der Ferne ein geeignetes Nahrungsmittel zu erkennen und dessen Güte einzuschätzen. Ist etwa eine Frucht reif, hebt sie sich in leuchtenden Farben aus dem grünen Blattlaub hervor. Beginnt sie jedoch zu faulen, verfärbt sie sich bräunlich.

Doch auf die Augen allein konnten sich die Allesfresser nicht verlassen.

Noch wichtiger bei der Nahrungsauswahl war in unserer Stammesgeschichte die Ausbildung empfindlicher Sensoren für Geschmack und Geruch. Noch heute schützen sie uns vor Gefahren – etwa vor verdorbenen oder gar giftigen Nahrungsmitteln.

Rund 10 000 verschiedene Gerüche vermag der Mensch zu unterscheiden. Forscher teilen diese Aromen gemeinhin in sieben Klassen ein: blumig, ätherisch, moschusartig, kampferartig, faulig, schweißig, stechend. Manche Gerüche, etwa der von faulem Fleisch, stoßen uns von Natur aus ab. Steigen uns modrige oder stechende Düfte in die Nase, schrecken wir zurück.

Gelangt dennoch ein ungenießbarer Bissen in den Mund, erfassen unsere Geschmacksrezeptoren meist dessen Inhaltsstoffe. Die alarmieren bestimmte Bereiche der Großhirnrinde, aber auch das limbische System – eine Region, die bei der Entstehung von Emotionen mitwirkt und für Gedächtnis und Bewusstsein eine wichtige Rolle spielt – und den Hypothalamus, einen Bereich im Zwischenhirn.

Innerhalb von Sekundenbruchteilen können unbewusste Erinnerungen entscheiden, ob wir zu einer bestimmten Nahrung greifen oder nicht

Das genetische Erbe hat uns darauf geeicht, Fett zu bevorzugen – deshalb müssen wir uns mit dem Verstand für leichte Kost entscheiden

Süßem können wir nur mit großer Willenskraft widerstehen. Denn der Geschmack weist auf Zucker hin – also auf schnell verfügbare Energie

Je stärker der Sinnesreiz an den Geschmacksknospen, desto heftiger unsere Empfindung.

Vor allem ein Aroma ist für den menschlichen Körper dabei ein deutliches Warnsignal: Bitterkeit. Viele Stoffe, die uns schaden können, schmecken abstoßend bitter. Sie können uns helfen, Schädliches zu vermeiden. Das ist womöglich auch die Erklärung dafür, dass

Für *keinen* *Geschmack* *sind wir* *so empfindsam* *wie für* **Bitteres**

Frauen in den ersten Monaten einer Schwangerschaft häufig eine Abneigung gegen bittere Pflanzenkost zeigen – denn etwa Brokkoli und Rosenkohl enthalten Substanzen, die für einen jungen, sich entwickelnden Körper in zu großen Mengen schädlich sein können. Vermutlich weigern sich auch Kinder aus diesem Grund so häufig, gerade diese Gemüse zu essen.

Wie universal die Aversion gegen Bitteres ist, zeigten chinesische Forscher, als sie das Pennsylvania- Experiment wiederholten: Wieder reagierten die Babys auf keinen anderen Geschmack mit solch eindeutiger Abwehr. Weit rissen sie den Mund auf, verzogen die Stirn, kniffen die Augen zusammen. Vermutlich ist dieser Gesichtsausdruck zugleich ein Alarmsignal für Artgenossen, dass ein Kind in Gefahr sein könnte.

Einen Hinweis darauf gibt ein weiterer Versuch in Pennsylvania: Die Forscher führten 40 Studenten an Monitoren die Aufnahmen der Babys vor und baten die Probanden, die Reaktionen den vier Geschmacksrichtungen zuzuordnen und zu interpretieren.

Besonders leicht fiel es den jungen Erwachsenen, bitteren von süßem Geschmack in den Gesichtszügen zu unterscheiden. Zugleich meinten sie, bei Bitter und Sauer einen starken Widerwillen der Säuglinge zu erkennen.

Je sensibler unsere Urahnen Bitteres erfassen konnten, desto größer war wohl die Wahrscheinlichkeit, dass sie überlebten. Denn während verdorbene Lebensmittel meist sauer schmecken, aber selten lebensbedrohlich sind, war es einst viel gefährlicher, sich durch eine Pflanze zu vergiften.

Und als sich *Homo sapiens* vor 60 000 Jahren von Afrika aus über die Erde auszubreiten begann, stieß er in neuen Gegenden auf noch unbekannte Pflanzen und bittere Giftstoffe.

Deshalb verfeinerte sich das Gespür für Bitteres noch weiter. Während der Evolution hat sich sowohl die Anzahl als auch die Empfindlichkeit unserer Sensoren für Bitterstoffe verändert. Wir besitzen heute mehr davon als unsere tierischen Vorfahren.

Fest steht zudem: Für keinen anderen Geschmack sind wir heute so empfindsam, keinen anderen können wir auf so vielfältige Weise wahrnehmen; mittlerweile kennen Forscher beim Menschen 25 unterschiedliche Bitterrezeptoren – weitaus mehr als für jede andere Geschmacksrichtung.

Diese Sensoren sitzen in der Zunge, in Kehlkopf und Rachen. Und jeder dieser winzigen Fühler vermag etliche Bitterstoffe zu erkennen – insgesamt vermutlich einige Tausend.

Zugleich aber bildeten sich bei verschiedenen Ethnien Unterschiede heraus. So fanden deutsche Ernährungsforscher heraus, dass bei einem Teil der afrikanischen Bevölkerung aufgrund einer Genmutation ein Rezeptor für eine Gruppe von Bitterstoffen (die etwa in Maniok enthalten sind) weniger empfindlich reagiert.

Das ist evolutionär durchaus sinnvoll, da der – maßvolle – Verzehr dieser giftigen Substanzen Afrikanern vermutlich dabei hilft, den Schutz gegen die Erreger von Malaria zu erhöhen: Die Stoffe machen den Körper für die Parasiten weniger anfällig.

Ähnlich abwehrend wie auf Bitteres reagieren wir sonst nur auf Saures, das zeigte auch das Pennsylvania-Experiment: Die Babys spitzten den Mund, kniffen ihn zusammen und legten die Stirn in Falten, als empfän-

Als Erwachsene bevorzugen wir oft Speisen, an die sich unser Gehirn im Laufe der Lebensjahre schlicht gewöhnt hat – sie sind zur Routine geworden

Intuitiv lässt sich unsere Psyche auch vom Prestige leiten: Ist ein teures Eis beispielsweise bei anderen besonders angesehen, schmeckt es meist auch uns

den sie eine starke Abneigung – signalisiert dieser Geschmack uns doch, dass eine Frucht noch unreif oder Fleisch bereits verdorben ist. Schlucken wir trotz des Warnsystems von Zunge und Gaumen doch einmal etwas Unbekömmliches, so hat der menschliche Körper auch dafür raffinierte Techniken entwickelt.

Zwar toleriert der Organismus potenziell schädliche Stoffe in bestimmten Dosen. So kann etwa die Leber ein gewisses Maß an Alkohol unschädlich machen. Zugleich filtern die Nieren permanent Schadstoffe aus dem Blut, um sie wieder auszuscheiden. Reichen diese Schutzmechanismen aber nicht aus, so tritt zumeist ein weiterer in Kraft: Wir übergeben uns.

A

Aber auch bei der Entdeckung besonders hochwertiger Nahrung halfen unseren Urahnen Geschmackssensoren – vor allem die für Süßes und Salziges.

Denn was süßlich schmeckt, birgt nur selten Giftiges. Zudem enthalten solche Pflanzen mit großer Wahrscheinlichkeit hohe Konzentrationen an Zucker und damit reichlich Kalorien, die der Körper ohne aufwendige Prozesse in Energie umwandeln kann.

Deshalb entwickelten viele Lebewesen im Verlauf der Evolution schon frühzeitig ein feines Gespür, um etwa reife Früchte an ihrem betörend süßen Geschmack zu erkennen. Denn in ihrem Fruchtfleisch befinden sich große Mengen von Trauben- und Fruchtzucker, deren Energie für den Körper besonders schnell verfügbar ist.

Wie stark dieser Instinkt für Süßes ist, zeigt sich noch heute: Menschen jedes Alters und jeder Herkunft neigen dazu, sich bei Nahrungsmitteln stets für das süße zu entscheiden.

Auch die gerade geborenen Testkandidaten, die in Pennsylvania untersucht wurden, reagierten auf süßliche Tropfen weitaus empfänglicher als auf jeden anderen Geschmack: Merklich lockerten sich ihre Züge, manchmal zeigte sich gar ein leichtes Lächeln auf ihren Lippen – gerade so, als erfüllte sie ein Gefühl von Zufriedenheit.

Ähnlich wie die weitverbreitete Vorliebe für Süßes ist auch der Appetit auf Salziges nicht zufällig – besonders auf die Mineralstoffe Natrium und Chlorid, die zusammen als „Kochsalz“ bekannt sind. In unserem Blut muss stets eine bestimmte Menge dieser Substanzen zirkulieren. Durch Schweiß und Harn verlieren wir indes ständig etwas davon.

Steht dem Körper nicht genug davon zur Verfügung, wächst der Appetit auf Salzhaltiges. Das belegen unter anderem Studien an Ratten und Mäusen. Sie bevorzugen Salziges, sobald ihr Natriumspiegel im Blut sinkt.

Darüber hinaus hat uns die Natur, so scheint es, geradezu darauf geeicht, Fett zu uns zu nehmen. Vor einigen Jahren haben Forscher auf der menschlichen Zunge einen Rezeptor entdeckt, der auf langkettige Fettsäuren reagiert – und das Gehirn alarmiert, wenn die Nahrung davon reichlich enthält.

Bei Experimenten mit Mäusen konnten Wissenschaftler feststellen, dass ein solcher Detektor das Verlangen nach Fett beeinflusst. Gentechnisch veränderte Nagetiere, die über keinen derartigen Fühler verfügten, zeigten keinerlei Gier nach dem Stoff – ganz anders als ihre naturbelassenen Artgenossen.

In der Evolutionsgeschichte des Menschen erscheint die Ausbildung dieser Vorliebe sinnvoll. Unsere Vorfahren existierten unter der ständigen Gefahr eines Nahrungsengpasses.

Für den einen mögen Garnelen ein Genuss sein, bei einem anderen wecken sie Ekel. Der Aversion liegt oft eine einmalige negative Erfahrung zugrunde

Daher war auch das Finden fetthaltiger Nahrung überlebenswichtig: Ein Gramm Fett liefert mehr als doppelt so viele Kalorien wie die gleiche Menge Zucker.

Allerdings führten Mechanismen wie dieser im Verlauf der Menschheitsgeschichte zu einem Dilemma: Kultur und Zivilisation veränderten die Lebenswelt so schnell, dass sich der menschliche Körper dem Wandel kaum noch anpassen konnte.

Unseren Vorfahren dienten Süßes und Fettiges zum Gewinn von Energie, die bei Überschuss als Körperfett gespeichert wurde, um magere Zeiten zu überstehen. Salz wiederum war so knapp, dass jedes Gramm lebensnotwendig war.

Doch heute gilt dies alles nicht mehr: Die moderne Ernährung in Industrienationen bietet im Überfluss, was für unsere Ahnen einst kostbar und überlebenswichtig war.

Da wir uns aber viel weniger bewegen als unsere Vorväter, werden uns die einst nützlichen Mechanismen der Nahrungsauswahl zum Verhängnis.

Denn statt die Energie aus den Nahrungsmitteln zu verbrauchen, speichert unser Körper sie als Fett in Milliarden von Zellen. Werden diese Zellen nun über längere Zeit mit üppiger Nahrung versorgt, wachsen sie bis auf ein Vielfaches ihres normalen Durchmessers an. Das führt langfristig oft zu krankhaftem Übergewicht.

Zudem leiden viele Erwachsene an Bluthochdruck, der unter anderem vermutlich von zu großem Salzkonsum ausgelöst wird und heute zu den größten medizinischen Problemen zählt: Er erhöht das Risiko für Gefäßverschleiß und Schlaganfälle, Herzinfarkte und Nierenversagen.

Die *Größe* *eines Tellers* bestimmt *mit, wie viel* *Appetit* wir spüren

Dabei sind wir von Natur aus darauf programmiert, nicht zu viel zu essen. Signalketten in unserem Körper sorgen dafür, dass wir uns irgendwann satt fühlen: Er registriert, wie viel unverdaute Nahrung sich im Verdauungstrakt befindet, welche Nährstoffe im Blut zirkulieren, in welchem Rhythmus der Magen gefüllt und geleert wird. Irgendwann signalisieren dann beispielsweise Hormone aus der Bauchspeicheldrüse sowie dem Darm oder den Fettzellen dem „Sättigungszentrum" im Hirn, dass der Energiebedarf des Körpers gedeckt ist. Daraufhin sendet das Gehirn Botenstoffe aus, die das Hungergefühl verebben lassen.

Allerdings läuft dieser Prozess nur langsam ab – es dauert ungefähr 20 Minuten, bis wir ein Sättigungsgefühl entwickeln. Die Folge: Essen wir in dieser Zeit zu schnell, essen wir zu viel.

Darüber hinaus vertraut der Körper nicht allein auf innere Signale, um den Energiehaushalt zu kontrollieren. Auch Reize aus unserer Umwelt beeinflussen, wann wir des Essens überdrüssig werden – und wann nicht.

Dies konnten US-Ernährungswissenschaftler in einem verblüffenden Experiment nachweisen. Sie luden 54 Studenten zu einer kostenlosen Suppe in ein Restaurant ein. Jeweils zu viert setzten sich die Gäste an einen Tisch, auf dem die dampfende Suppe bereits in vier Schalen serviert war. Zwei der Gefäße hatten die Forscher aber präpariert: Durch einen Schlauch wurden sie permanent mit frischer Suppe aus einem versteckten Bottich neben dem Tisch gefüllt.

Nach 20 Minuten unterbrachen die Forscher die Mahlzeit und prüften, wie viel jeder der Teilnehmer gegessen hatte. Es zeigte sich: Im Durchschnitt hatten die Studenten mit der präparierten Schale 73 Prozent mehr Suppe verzehrt.

Weitere Experimente des Forschers bestätigen: Man kann Menschen sehr leicht dazu bringen, mehr zu sich zu nehmen, als ihr Körper benötigt.

So kann etwa die Größe des Tellers oder eines Behältnisses entscheidend sein. In einem Versuch aßen Kinobesucher 53 Prozent mehr Popcorn als eine Vergleichsgruppe, deren Portionen nur halb so groß waren – egal ob sie Appetit hatten oder nicht.

Doch warum nehmen wir mehr Nahrung auf, als für die Erhaltung unseres Körpers notwendig ist? Die Antwort: Vermutlich allein deshalb, weil wir heutzutage schlicht die Gelegenheit dazu haben.

Jüngste Forschungsergebnisse belegen, dass schon das Betrachten von Speisen eine Hormonfreisetzung bewirkt, die Hunger auslöst. Optische Reize, etwa durch Werbung, können also tatsächlich Essanfälle provozieren.

Vermutlich verschmähten auch unsere Vorfahren nur selten einen nahrhaften Bissen. Denn es war ja ungewiss, wann es den nächsten geben würde. Die überschüssige Energie speicherte *Homo sapiens* als Fettgewebe. Also gleichsam in einem Depot für kargere Zeiten.

In der Moderne aber kehren sich die alten, evolutionären Vorteile nun gegen uns. Und so sind wir als Nachfahren der ersten Menschen, die sich einst optimal an ihre Umwelt angepasst haben, wohl die einzige Art auf Erden, die sich mit ihrem Ernährungsverhalten heute vielfach selber schadet.

Doch da wir inzwischen um diese Mechanismen wissen, kann dies zumindest helfen, mit unserem Verstand gegenzusteuern – und statt zu Bratwurst mit Pommes lieber zu einem Salatteller zu greifen, statt zu einem Schokoriegel lieber zu Obst und gesunden Nüssen. ◂

Fachgebiet Lebens-hilfe

Die Psychologin Heidi Möller erforscht mit wissenschaftlichen Methoden das Vorgehen der Lebensberater

Kann ein Coach helfen, richtige Entscheidungen zu treffen? Die Psychologin Heidi Möller erklärt, wie professionelle Helfer vorgehen – und wie sie ihren Klienten zu mehr Selbstbewusstsein verhelfen

INTERVIEW:

Bertram **Weiß**
und Nele **Höfler**

•

FOTOS:

Gordon **Welters**
exklusiv für GEO WISSEN

GEO WISSEN: *Frau Professorin Möller, viele Menschen, die sich mit einer wichtigen Entscheidung plagen, suchen einen Coach auf. Ist das eine gute Idee?*
PROF. HEIDI MÖLLER: Auf jeden Fall! Natürlich wird jeder wohl erst einmal mit Freunden sprechen, mit seinem Partner, mit der Familie. Aber all diese Menschen sind befangen, sie können keinen neutralen Blick auf die Situation entwickeln. Sie sind ja Teil der Situation. Ein Coach aber kann helfen, die Lage zu analysieren – und so eine ganz eigene Haltung zu entwickeln.

Was genau ist Coaching?

Die Ursprünge liegen in den USA. Dort begannen viele Firmen in den 1970er Jahren die Betreuungsrolle des Vorgesetzten für seine Mitarbeiter in den Mittelpunkt zu stellen, das Konzept des entwicklungsorientierten Führungsstils zu propagieren – also der Vorgesetzte als eine Art Trainer. Die Idee dazu war dem Sport entlehnt, wo Coaches die Leistung von Mannschaften verbessern.

Bald darauf fasste sie auch in Deutschland Fuß. Allerdings etablierten sich hier zunächst externe Berater, die Führungskräfte förderten. Ein wenig später wurde dieses Prinzip auch jenseits der Berufswelt populär.

Heute lassen sich viele Menschen privat wie beruflich coachen. Eine Definition aber fällt schwer, weil derzeit ungeheuer viele Angebote als „Coaching" vermarktet werden – gleichgültig, ob es um Hausaufgaben, Hunde oder Entscheidungsfindung geht. Nach meiner Definition unterstützt ein Coach einen Kunden durch ein systematisches und wissenschaftlich fundiertes Vorgehen, Probleme seiner Arbeitswelt oder in seinem Leben aus eigener Kraft besser zu bewältigen.

Was ist der Unterschied zu einer Psychotherapie?

Ein Coach sollte dann in Anspruch genommen werden, wenn es um Probleme geht, auf die jeder von uns vielleicht irgendwann in seinem Leben stößt. Wenn es aber um die psychische oder körperliche Gesundheit von Menschen geht, also etwa um depressive Verstimmungen, chronische Erschöpfung oder Schlimmeres, sollte unbedingt ein Psychotherapeut zurate gezogen werden.

Weshalb ist Coaching so beliebt?

Kritiker sagen, Coaching sei nichts anderes als ein Anzeichen des stetig stärker werdenden gesellschaftlichen und ökonomischen Drucks zur Optimierung – kurz: ein Treiber für die Maxime „Höher, schneller, weiter".

Ich habe einen anderen Blick darauf; nach meiner Einschätzung ist Coaching eine Möglichkeit zur Selbstreflexion. Ein Weg zu lernen, zum Beispiel Nein zu sagen, die eigenen Grenzen zu achten, die eigenen Wünsche kennenzulernen – und auszuleben. Coaching ist so beliebt, weil es uns Selbstbestimmung und Handlungsspielräume verschafft, ja innere Freiheit.

Wie finde ich einen guten Berater?

Das ist leider nicht so einfach. Denn jeder darf sich in Deutschland „Coach" nennen, es ist kein geschützter Begriff. Deshalb gibt es eine kaum zu überblickende Fülle von Angeboten.

Nach aktuellen Schätzungen arbeiten hierzulande derzeit rund 35 000 Personen haupt- oder nebenberuflich als Coach. Es gibt mehr als 30 Verbände und rund 260 verschiedene Ausbildungswege.

Bis heute ist es nicht gelungen, den Markt in Deutschland zu ordnen.

Woran sollte man sich orientieren?

Zunächst einmal ist es wichtig zu verstehen: Coaching lässt sich in zwei grundsätzliche Strömungen gliedern.

Der Erfolg eines Coachings hängt nicht so sehr von der Methode ab – sondern davon, wie vertrauensvoll die Beziehung ist, sagt Heidi Möller

Es gibt einerseits das „Business-Coaching", das von den Unternehmen bezahlt wird. Dort geht es um Fragen, die die Arbeit in Organisationen betreffen – also etwa Innovation, Wandel oder Motivation im Team, Mitarbeiterführung oder strategische Ausrichtung.

Und es gibt das Coaching, das Menschen selbst aussuchen und zahlen. Dort werden Fragen behandelt, die das Leben des Einzelnen betreffen, etwa: Welchen Beruf soll ich wählen? Soll ich meinen Job aufgeben? Lohnt es sich für mich, den Wohnort zu wechseln? Auf der von mir als am besten eingeschätzten Webseite des Deutschen Bundesverbandes Coaching kann man gezielt nach Angeboten suchen.

Was macht einen guten Berater aus?

Einiges lässt sich schon ohne erstes Treffen herausfinden. So muss bereits auf der Webseite erkennbar sein, ob er eine wissenschaftlich fundierte Ausbildung durchlaufen hat.

Auch sollte der Berater dort erklären, weshalb er wie arbeitet, und deutlich machen, dass er die eigene Arbeit regelmäßig überprüfen lässt – also Supervision in Anspruch nimmt.

Darüber hinaus sollte er auch in anderen Berufen aktiv gewesen sein oder über vielfältige Lebenserfahrungen verfügen. Denn erst aus der Verbindung von Theorie und Praxis kann sich ein gutes Coaching entwickeln.

Wie sollte die erste Begegnung verlaufen?

Ein guter Coach verwendet zunächst viel Zeit darauf, sich ein Bild von der Situation des Kunden zu machen. Er stellt also nicht nur Fragen zur Person, sondern auch zum Kontext – er informiert sich also unter anderem über den Arbeitsplatz, den Chef, die Verwandten, die Familie. Anschließend sollte er mit dem Klienten klare Ziele definieren, etwa: „Am Ende des Coachings teile ich meinem Chef eine Entscheidung mit". Und: Ein guter Berater kann schon zu Beginn ziemlich genau sagen, wie viele Treffen nötig sein werden, bis das Ziel erreicht ist.

Prof. Dr. Heidi **Möller**

Die Psychologin ist Professorin für Theorie und Methodik der Beratung an der Universität Kassel und Mitherausgeberin des Handbuchs »Schlüsselkonzepte im Coaching«.

Was kostet ein Einzel-Coaching?

Da der Markt nicht reguliert ist und die Ziele sehr unterschiedlich sein können, sind auch Preise und Dauer divers. Aber aus einer aktuellen Befragung von Business-Coaches wissen wir: Im Durchschnitt kosten 60 Minuten rund 190 Euro. Das ist viel Geld. Aber dafür braucht ein Berater im Durchschnitt auch nur fünf bis zehn Treffen. Liegt er oder sie weit über oder unter diesen Durchschnittswerten, sollte man sich zumindest fragen, ob das wirklich einen guten Grund hat.

Manche Coaches bieten ein kostenloses Erstgespräch an, andere stellen es in Rechnung. Viele regeln die gemeinsame Zeit mit einem Vertrag, halten etwa fest, was es bedeutet, wenn man ein Treffen absagt. Diese Verträge sind nicht unüblich, aber man sollte sie sich sehr genau anschauen. Ich empfehle auch, sich nach einem Erstgespräch eine kleine Checkliste zu machen und systematisch zu prüfen, ob man das Coaching beginnen möchte.

Wie könnte die aussehen?

Wichtige Fragen darauf könnten beispielsweise sein: Welches Honorar verlangt der Berater? Mochte ich den Ort des Treffens? Musste ich den Vorgaben des Beraters folgen oder hat er meine Anliegen berücksichtigt? Hat er seine Qualifikation offengelegt? Ist klar, wie der Erfolg definiert wird? Fühlte ich mich wohl, ernst genommen, geachtet und verstanden?

Wie geht ein Berater in der Regel vor?

Es gibt eine Vielfalt von Methoden. Und anders als Psychotherapeuten sind Coaches eher offen dafür, verschiedene Verfahren zu kombinieren. Viele arbeiten beispielsweise mit Wort- oder Bildkarten, die dabei helfen, scheinbar verworrene Gefühle und Argumente zu ordnen. Oder mit Rollenspielen und Imaginationen, mit denen der Kunde einmal ausprobieren kann, wie sich etwa die Folgen einer bestimmten Entscheidung anfühlen könnten. Üblich sind auch Übungen, die den Körper einbeziehen und die Aufmerksamkeit auf physische Empfindungen lenken.

Gerade vor Entscheidungen können die einen wichtigen Anstoß geben.

Wie merke ich, ob etwas schiefläuft?

Schlimm wird es, wenn ein Coach nicht erkennt, dass der Klient nicht einen Berater braucht, sondern die Hilfe eines Psychotherapeuten. Negative Effekte entstehen auch, wenn keine klare Fragestellung und kein eindeutiges Ziel herausgearbeitet werden.

Wichtig ist vor allem die sogenannte Umsetzungsunterstützung – also eine konkrete Antwort auf die Frage: Wie schaffe ich es, meine im Coaching gewonnene Entscheidung konkret in entsprechendes Verhalten umzuwandeln?

Sollten Frauen eher zu Frauen gehen, Männer zu Männern?

Nein, es gibt keine Befunde dazu, dass das Geschlecht einen Einfluss auf den Erfolg eines Coachings hat. Und: Es macht auch keinen Unterschied, ob sich Berater und Kunde gegenübersitzen oder über Video miteinander unterhalten. Es gibt keine wissenschaftlichen Belege dafür, dass das eine besser funktioniert als das andere.

Woran kann man den Erfolg bemessen?

Lange Zeit hielten Forscher Coaching für eine Modeerscheinung, die es nicht weiter zu beachten gelte. Das hat sich mittlerweile geändert, es gibt ernsthafte, wissenschaftliche Forschung. Und danach lässt sich sagen: Diese Form der Beratung wirkt. Menschen fühlen sich im Anschluss in der Regel zufriedener, entschlussfreudiger, motivierter, selbstbewusster.

Auch die sogenannten Coping-Strategien verbessern sich, also die Tricks, die Klienten lernen, um mit schwierigen Situationen umzugehen.

Sind diese Effekte von Dauer?

Die Variation ist groß. Doch Studien zeigen: Im Mittel sind viele positive Effekte auch noch ein Jahr nach einer Beratung nachweisbar. Das heißt zum Beispiel: Die Lebenszufriedenheit ist ein Jahr nach einem Coaching immer noch höher als unmittelbar davor.

Kann ein Coaching auch negative Folgen haben?

Leider kommt es vor, dass Berater versuchen, alle Fragen und Probleme des Kunden auf einmal zu bearbeiten. Das führt oft dazu, dass die Ratlosigkeit anschließend nur noch größer wird. Oder sie stoßen mutwillig einen Prozess an, dem sie nicht mehr Herr werden, weil manche keine psychotherapeutische Kompetenz haben.

»Bei einem guten Coach gibt es kein Richtig oder Falsch – er zeigt nur Möglichkeiten auf«

Erteilt ein guter Coach Ratschläge – oder hilft er dem Klienten eher, selbst zur richtigen Lösung zu finden?

Da gibt es kein Richtig oder Falsch. Ein Coach darf durchaus wohldosiert Anregungen geben, aber er sollte sie als Möglichkeiten aufzeigen, als eine unter vielen Perspektiven. Zum Beispiel fragen: „Haben Sie schon einmal daran gedacht, …?“

Wovon genau hängt es ab, ob eine Beratung gelingt?

Aus Studien zu den Wirkfaktoren eines Coachings wissen wir: Der Erfolg hängt nicht so sehr von der spezifischen Methode ab. Sondern davon, ob es dem Berater und seinem Klienten gelingt, eine vertrauensvolle Beziehung aufzubauen. Deshalb sollte sich jeder nach einem Treffen selbst befragen: Habe ich mich wohlgefühlt? Konnte ich mich ehrlich äußern? Fühlte ich mich wertgeschätzt?

Recht populär ist derzeit die „Neuro-Linguistische Programmierung“. Was halten Sie von dieser Methode?

Die Anhänger der NLP behaupten, mithilfe von Sprache das Gehirn verändern zu können. Dafür aber gibt es keinerlei wissenschaftliche Belege. Ich kann daher nicht erkennen, dass es beim NLP um etwas anderes geht, als darum, hilfebedürftigen Menschen das Geld aus der Tasche zu ziehen.

Was halten sie von Großveranstaltungen, bei denen Motivationstrainer und Lebensberater auftreten?

Auch das halte ich für eine sehr zweifelhafte Methode. Mag sein, dass bei diesen Events gute, erhebende Gefühle aufkommen, aber langfristige Effekte sollte sich davon niemand erhoffen – dafür werden die Fragen oder Probleme jedes Einzelnen in der Masse viel zu unspezifisch betrachtet.

Natürlich kann ein Coaching auch gut in einer Gruppe funktionieren, aber nur mit wenigen Personen, nicht mit Hunderten oder gar Tausenden.

Lassen Sie sich selbst auch coachen?

Ich treffe mich einmal im Monat mit einer Beraterin und reflektiere mit ihr meinen Alltag, beruflich wie privat. Erörtere Entscheidungen. Das gehört für mich mittlerweile zu einem guten, bewussten Leben dazu.

Wie gehen Sie mit wichtigen Entscheidungen um?

Wichtig für mich ist, nicht aus dem Affekt zu entscheiden. Also durchaus mein erstes Bauchgefühl wahrzunehmen, aber dann etwas Zeit vergehen zu lassen und zu prüfen, ob das Gefühl immer noch da ist. Und mit Bauchgefühl meine ich auch eine physische Empfindung: Wie fühlt es sich in meinem Körper an, wenn ich an die eine oder die andere Lösung denke?

Und, vielleicht am wichtigsten: Ich versuche gezielt, mich verunsichern zu lassen. Ich bitte möglichst viele Menschen um ihre Einschätzung.

Nur dann fühlt sich mein Entschluss wirklich belastbar an. ◂

TEST 1:

Welcher **Entscheidungstyp** sind Sie?

Kein Mensch entscheidet ausschließlich intuitiv oder ausschließlich reflektiv. Meist ist eine Herangehensweise jedoch deutlicher ausgeprägt. Die Psychologin Cornelia Betsch von der Universität Erfurt hat einen wissenschaftlichen Test entwickelt, der Ihnen zeigt, wie stark Sie zu jeder der beiden Ausprägungen neigen. Das Ergebnis sagt nichts über Ihre Intelligenz oder die Fähigkeit zum logischen Denken aus – wissenschaftliche Studien zeigen, dass Entscheidungsvorlieben davon unabhängig sind.

Bitte beantworten Sie die Fragen so, dass sie dem entsprechen, wie Sie im Allgemeinen entscheiden. Kreuzen Sie jeweils die Ziffer an, die am ehesten auf Sie zutrifft.

1 Bevor ich Entscheidungen treffe, denke ich meist erst gründlich nach.

stimme nicht zu 1 2 3 4 5 stimme voll zu

2 Ich beobachte sorgfältig meine innersten Gefühle.

stimme nicht zu 1 2 3 4 5 stimme voll zu

3 Bevor ich Entscheidungen treffe, denke ich meist erst über meine Ziele nach, die ich erreichen will.

stimme nicht zu 1 2 3 4 5 stimme voll zu

4 Bei den meisten Entscheidungen ist es sinnvoll, sich ganz auf sein Gefühl zu verlassen.

stimme nicht zu 1 2 3 4 5 stimme voll zu

5 Ich mag Situationen nicht, in denen ich mich auf meine Intuition verlassen muss.

stimme nicht zu 5 4 3 2 1 stimme voll zu

6 Ich denke über mich nach.

stimme nicht zu 1 2 3 4 5 stimme voll zu

7 Ich schmiede lieber ausgefeilte Pläne, als etwas dem Zufall zu überlassen.

stimme nicht zu 1 2 3 4 5 stimme voll zu

8 Ich ziehe Schlussfolgerungen lieber aufgrund meiner Gefühle, Menschenkenntnis und Lebenserfahrung.

stimme nicht zu 1 2 3 4 5 stimme voll zu

9 Bei meinen Entscheidungen spielen Gefühle eine große Rolle.

stimme nicht zu 1 2 3 4 5 stimme voll zu

10 Ich bin perfektionistisch.

stimme nicht zu 1 2 3 4 5 stimme voll zu

11 Wenn ich eine Entscheidung rechtfertigen muss, denke ich vorher besonders gründlich nach.

stimme nicht zu 1 2 3 4 5 stimme voll zu

12 Wenn es darum geht, ob ich anderen vertrauen soll, entscheide ich aus dem Bauch heraus.

stimme nicht zu 1 2 3 4 5 stimme voll zu

13 Ich nehme bei einem Problem erst die harten Fakten und Details auseinander, bevor ich mich entscheide.

stimme nicht zu 1 2 3 4 5 stimme voll zu

14 Ich denke erst nach, bevor ich handele.

stimme nicht zu 1 2 3 4 5 stimme voll zu

15 Ich mag gefühlsbetonte Personen lieber.

stimme nicht zu 1 2 3 4 5 stimme voll zu

16 Ich denke über meine Pläne und Ziele mehr nach als andere Menschen.

stimme nicht zu 1 2 3 4 5 stimme voll zu

17 Ich bin ein sehr intuitiver Mensch.

stimme nicht zu 1 2 3 4 5 stimme voll zu

18 Ich mag emotionale Situationen, Diskussionen und Filme.

stimme nicht zu 1 2 3 4 5 stimme voll zu

AUSWERTUNG

Bitte tragen Sie in die Kästchen ein, wie viele Punkte Sie bei den entsprechenden Fragen haben. Wenn Sie die Werte zusammenzählen, erhalten Sie jeweils den Gesamtwert für Ihre Neigung zu intuitivem und reflektivem Verhalten.

Neigung zu intuitivem Verhalten

2		4		5		8		9		12		15		17		18		
□	+	□	+	□	+	□	+	□	+	□	+	□	+	□	+	□	=	□

35–45 Punkte
Sie entscheiden gern intuitiv. Statt lange nachzudenken, treffen Sie mit Vorliebe schnelle Festlegungen und verlassen sich dabei auf Ihr spontanes Gefühl. Sie sind wahrscheinlich auch besonders offen für Neues, fantasievoll und ein aktiver, enthusiastischer, hilfsbereiter und kooperativer Mensch – das jedenfalls haben Forschungsarbeiten für Personen mit hohen Werten auf dieser Skala gezeigt. Menschen mit einer Vorliebe für intuitive Entscheidungen sind auch meist besonders zufrieden mit ihrer so getroffenen Wahl. Sie sollten allerdings bedenken, dass intuitive Entscheidungen Gefahren bergen können, weil sie auf Erfahrungen basieren. Diese führen jedoch in die Irre, wenn sie nicht mehr auf die aktuelle Situation anwendbar sind. Wenn Sie beispielsweise mit einem örtlichen Versicherungsmakler einen Vertragsabschluss verhandeln, sollten Sie die Erfahrung, dass Sie Menschen mögen, die Ihren Dialekt sprechen, lieber beiseitelassen und stattdessen genau die Konditionen studieren.

24–34 Punkte
Ihre Neigung zu intuitiven Entscheidungen ist durchschnittlich ausgeprägt. Intuitiv zu entscheiden empfiehlt sich, wenn es um nicht viel geht und es großen Aufwand bedeuten würde, alle nötigen Informationen für eine durchdachte Wahl zu sammeln. Bei gewichtigeren Entscheidungen sollten Sie nur dann intuitiv vorgehen, wenn Sie über vielfältige Erfahrung in dem fraglichen Bereich verfügen und diese auch anwendbar ist. Jahrzehntelange Erfahrungen in einem Unternehmen nutzen etwa dann meist nicht viel, wenn gerade alles neu organisiert wurde. Ansonsten können Sie selbst komplizierte Entscheidungen intuitiv treffen – und werden oft richtig damit liegen.

9–23 Punkte
Sie meiden Entscheidungen aus dem Bauch heraus. Das ist in vielen Situationen durchaus sinnvoll. Vor allem in neuen, unvertrauten Lebenslagen sollte man erst einmal nachdenken, bevor man handelt. Doch wenn Sie auf einem Gebiet Erfahrungen haben, können Sie Ihrer Intuition wahrscheinlich mehr trauen, als Sie vielleicht glauben. Denn intuitive Entscheidungen sind keineswegs irrational. Auch hinter ihnen stecken Denkprozesse, die jedoch unbewusst ablaufen. Bei vielen intuitiven Entscheidungen berücksichtigt man absolut gesehen sogar mehr Faktoren und Details, als man bewusst einbeziehen könnte, haben verschiedene Studien gezeigt.

Quelle: Cornelia Betsch: Präferenz für Intuition und Deliberation (PID). Inventar zur Erfassung von affekt- und kognitionsbasiertem Entscheiden. Zeitschrift für Differentielle und Diagnostische Psychologie.

Neigung zu reflektivem Verhalten

1		3		6		7		10		11		13		14		16		
□	+	□	+	□	+	□	+	□	+	□	+	□	+	□	+	□	=	□

38–45 Punkte
Sie neigen dazu, über Ihre Handlungen intensiv nachzudenken und viel Zeit in die Planung zukünftiger Ereignisse zu investieren. Sie verlassen sich bei Entscheidungen weitgehend auf Ihre Überlegungen und rationale Argumente. Sie neigen wahrscheinlich zu Perfektionismus und bevorzugen klare und strukturierte Situationen; bei Entscheidungen holen Sie gern das Maximale heraus (dies können Sie mit dem „Maximierer-Test“ auf der folgenden Doppelseite überprüfen). Forschungsarbeiten haben gezeigt, dass „Nachdenker“ besonders dann mit ihrer Wahl zufrieden sind, wenn sie diese reflektiv getroffen haben. Falls eine reflektiert getroffene Wahl negativ ausgegangen ist, empfinden Nachdenker weniger Bedauern, als wenn sie die Entscheidung intuitiv getroffen hätten.

27–37 Punkte
Ihre Vorliebe für ein Entscheiden durch Nachdenken ist durchschnittlich ausgeprägt. Damit liegen Sie rein quantitativ oft richtig. Denn tatsächlich lassen sich viele Entscheidungen gut durch Nachdenken treffen, andere aber nicht. Nachdenken empfiehlt sich vor allem, wenn der Intuition nicht zu trauen ist. Prüfen Sie also, ob Sie sich intuitiv vielleicht zu sehr von äußeren Eindrücken oder gar Vorurteilen leiten lassen, die mit der Sache nichts zu tun haben. So ist beispielsweise der umgänglichste Arzt nicht zwangsläufig auch der beste.

9–26 Punkte
Sie denken nur ungern gründlich über Entscheidungen und Zukunftspläne nach. Das bedeutet nicht zwingend, dass Sie ein rein intuitiver Entscheider sind. Womöglich neigen Sie in vielen Situationen zum Aufschieben und zögern endgültige Festlegungen gern hinaus. Sie sollten sich zumindest vergegenwärtigen, welche Vorteile ein kognitiv-reflektiertes Abwägen hat: Sie müssen sich in dem Fall weder auf Ihre Intuition verlassen noch auf Urteile anderer Menschen. Stattdessen können Sie sich selbst die notwendigen Entscheidungsgrundlagen besorgen und diese bewerten. Welche neuen Notebooks etwa qualitativ hochwertig sind und den eigenen Ansprüchen genügen, können selbst Eingeweihte kaum ohne Testergebnis einer seriösen Quelle beurteilen.

Wundern Sie sich nicht, falls Sie zu den Personen gehören, die sowohl beim reflektiven als auch beim intuitiven Entscheiden auf eine gleichermaßen hohe oder niedrige Punktzahl kommen. Das ist ein Indiz dafür, dass Sie keine ausgeprägte Entscheidungsvorliebe haben – sondern als „situationsabhängiger Typus“ ihre Wahl stark von den jeweiligen Umständen abhängig machen.

TEST 2:

Wollen Sie stets die **beste Wahl** treffen?

Manchen Menschen erscheint es erstrebenswert, vor einer Entscheidung möglichst alle Alternativen prüfen zu können. Anders sieht das der Wirtschaftsnobelpreisträger Herbert A. Simon: Er hält es für viel zu kompliziert, immer die beste Wahl treffen zu wollen. Die von ihm entworfene Entscheidungsstrategie taufte er »satisficing« – nur so lange suchen, bis sich etwas findet, was in einem ausreichenden Maße die eigenen Ansprüche erfüllt (von *to satisfy*, befriedigen, und *to suffice*, genügen).

Mit den zwei Fragestellungen auf dieser Doppelseite lässt sich das Entscheidungsverhalten analysieren: Die Beantwortung der ersten Frage klärt, wie zufrieden Sie mit Ihren Entscheidungen grundsätzlich sind. Die Beantwortung der zweiten Frage klärt, ob Sie jemand sind, der mit einer einmal getroffenen Wahl zufrieden ist – oder der oft damit hadert, weil es womöglich etwas noch Besseres gibt. Menschen, die letzterer Position zuneigen, werden »Maximierer« genannt.

Bedauern Sie Ihre Entscheidungen oft?

1 Nach jeder Entscheidung, die ich getroffen habe, frage ich mich, was passiert wäre, wenn ich mich anders entschieden hätte.

stimme nicht zu 1 2 3 4 5 6 7 stimme voll zu

2 Wenn ich eine Entscheidung treffe, versuche ich hinterher herauszufinden, zu welchem Ergebnis die anderen Alternativen geführt hätten.

stimme nicht zu 1 2 3 4 5 6 7 stimme voll zu

3 Selbst eine gute Entscheidung empfinde ich als Misserfolg, wenn sich herausstellt, dass eine andere Möglichkeit besser gewesen wäre.

stimme nicht zu 1 2 3 4 5 6 7 stimme voll zu

4 Wenn ich über mein Leben nachdenke, kommen mir oft verpasste Chancen in den Sinn.

stimme nicht zu 1 2 3 4 5 6 7 stimme voll zu

5 Wenn ich mich einmal entschieden habe, hinterfrage ich diese Entscheidung nicht.

stimme nicht zu 7 6 5 4 3 2 1 stimme voll zu

AUSWERTUNG

Bitte zählen Sie die erhaltenen Punkte zusammen

26–35 Punkte
Sie neigen deutlich stärker als andere Menschen dazu, Ihre Entscheidungen zu bedauern. Das muss keineswegs daran liegen, dass Ihre Entscheidungen schlechter sind. Möglicherweise legen Sie einfach zu viel Wert darauf, die einzig richtige Wahl zu treffen – wahrscheinlich sind Sie ein Maximierer.

15–25 Punkte
Sie liegen im breiten Mittelfeld. Das ist zwar nicht schlecht, bedeutet aber, dass Sie nicht selten mit Ihren Entscheidungen hadern. Vielleicht testen Sie bei Gelegenheit einmal, ob Sie auch lockerer an eine Entscheidung herangehen könnten – und dennoch hinterher mehr Nachsicht mit sich selbst üben können.

5–14 Punkte
Sie neigen sehr viel weniger als andere dazu, Ihre Entscheidungen zu hinterfragen oder verpassten Chancen nachzutrauern. Sie müssen sich aber deswegen nicht sorgen, dass Sie Entscheidungen zu leicht nehmen (was Sie angesichts Ihrer geringen Neigung zur Reue aber wohl ohnehin nicht tun). Wer seine Wahl selten bedauert, zeigen wissenschaftliche Studien, ist vergleichsweise glücklich und selten depressiv.

Sind Sie ein Maximierer?

1 Wenn ich im Auto Radio höre, prüfe ich oft die anderen Radiosender daraufhin, ob dort etwas Besseres gespielt wird – sogar wenn ich relativ zufrieden mit dem bin, was ich gerade höre.

stimme nicht zu [1] [2] [3] [4] [5] [6] [7] stimme voll zu

2 Egal wie zufrieden ich mit meinem Beruf bin, es ist immer sinnvoll, nach besseren Optionen Ausschau zu halten.

stimme nicht zu [1] [2] [3] [4] [5] [6] [7] stimme voll zu

3 Es fällt mir häufig schwer, ein Geschenk für einen Freund zu kaufen.

stimme nicht zu [1] [2] [3] [4] [5] [6] [7] stimme voll zu

4 Filme auszuleihen ist sehr schwierig; ich mühe mich stets damit ab, das Beste auszusuchen.

stimme nicht zu [1] [2] [3] [4] [5] [6] [7] stimme voll zu

5 Egal was ich tue: Ich messe mich am höchsten Standard.

stimme nicht zu [1] [2] [3] [4] [5] [6] [7] stimme voll zu

6 Ich gebe mich nie mit dem Zweitbesten zufrieden.

stimme nicht zu [1] [2] [3] [4] [5] [6] [7] stimme voll zu

AUSWERTUNG

Bitte zählen Sie die erhaltenen Punkte zusammen

31–42 Punkte

Sie sind ein starker Maximierer. Nur 15 Prozent der Bevölkerung legen so viel Wert auf optimale Entscheidungen wie Sie. Allerdings sind Ihre Ansprüche womöglich so hoch, dass sie kaum erfüllbar sind. Maximierern gelingt es dank ihres aufwendigen Entscheidungsprozesses zwar oft, mehr herauszuholen als andere Menschen: In einer Studie mit Studenten suchten Maximierer sehr gründlich nach einer Arbeitsstelle und verdienten tatsächlich 20 Prozent mehr als Vergleichspersonen. Dennoch waren sie mit dieser Stelle weniger glücklich. Maximierer sind überhaupt weniger zufrieden und häufiger depressiv, wie Studien gezeigt haben. Das Problem ist: Je länger Sie suchen und je mehr Alternativen Sie prüfen, desto klarer zeigt sich, dass eine optimale Entscheidung gar nicht möglich ist. Deshalb bereuen Maximierer ihre Wahl besonders häufig.

18–30 Punkte

Sie liegen im Durchschnitt. Wahrscheinlich betreiben Sie nur gelegentlich zu großen Aufwand beim Entscheiden, investieren in der Regel aber nicht viel mehr Mühe, als sinnvoll ist. An die eine oder andere Festlegung könnten Sie also noch ein wenig pragmatischer herangehen. Aber vermutlich haben Sie bereits erkannt, dass Sie keine Chance haben, etwa den optimalen Mobilfunktarif zu ermitteln und obendrein zu berücksichtigen, ob er auch noch ein geeignetes und kostengünstiges Gerät beinhaltet.

6–17 Punkte

Sie gehören in puncto Maximieren zu den 15 Prozent der Bevölkerung mit den niedrigsten Werten. Sie sind eher ein „Satisficer" – entscheiden sich also ohne große Umstände für etwas, was Ihren Ansprüchen genügt. Beim Einkauf lässt es Sie kalt, ob Sie die gleiche Waschmaschine anderswo 20 Euro günstiger bekommen könnten. Wahrscheinlich wenden Sie nicht übermäßig viel Zeit und Mühe dafür auf, nach Alternativen zu schauen. Und Sie bereuen Ihre Entscheidungen auch nur selten. ◂

Quelle: Rainer Greifeneder, Cornelia Betsch: Lieber die Taube auf dem Dach! Eine Skala zur Erfassung interindividueller Unterschiede in der Maximierungstendenz. Zeitschrift für Sozialpsychologie.

Anzeige
Wem gehört der deutsche Wald?
Können uns Bäume gesund flüstern?
Wo herrschen im Forst die Frauen?
Wie hört sich eine Wiese an?

Das neue Magazin Wohllebens Welt Ab 18. 4. am Kiosk!

JETZT NEU!

Gemeinsam mit GEO lädt der Bestsellerautor Peter Wohlleben („Das geheime Leben der Bäume“) zum **Erfahren und Verstehen der Natur** *ein, zu Abenteuern in der Wildnis. Und zum Staunen über die Wunder unserer Tier- und Pflanzenwelt*

Lernen Sie meine Welt kennen!

Peter Wohlleben nimmt Sie dorthin mit, wo er sich am wohlsten fühlt: in sein Revier in der Eifel

Nachgefragt

Warum heißt der Fliegenpilz *Fliegenpilz?*

Von der Droge aus dem Unterholz kosteten schon vor Jahrhunderten furchtlose Zeitgenossen. Manche verhielten sich danach wie ein Insekt

1

Die weißen Punkte sind Reste einer anfänglichen Schutzhülle

Das Gift des Pilzes konzentriert sich vor allem unter der Huthaut

Der Stiel wird bis zu 20 Zentimeter lang

Im Mittelalter galten Fliegen als Symbol des Wahnsinns – wie irr die Insekten doch umherschwirrten! Und Zeichen des Wahns zeigten sich auch bei all den unvorsichtigen Zeitgenossen, die von dem roten Pilz mit den weißen Punkten kosteten: Sie fühlten sich zunächst beschwipst, torkelten wenig später orientierungslos (wahnsinnig wie Fliegen) umher, halluzinierten und fielen schlimmstenfalls ins Koma.

Kein Wunder, dass der Fliegenpilz auch „Narrenschwamm“ genannt wurde – und, behutsam getrocknet, schon den Germanen, den Maya und sibirischen Schamanen als Rauschmittel diente.

Auf wundersame Weise, so schien es, entfalteten sich bei den Menschen nach dem Genuss der Pilze hellseherische Kräfte, konnte sich das Bewusstsein bis in die Welt der Geister und Toten erweitern.

Heute wissen wir: Fliegenpilze enthalten diverse Nervengifte wie beispielsweise Ibotensäure, Muscimol und Muscazon, die einen berauschen, aber auch Übelkeit, Erbrechen oder Herzrasen hervorrufen können.

Außerdem kann es zu Hautrötungen und einer Erweiterung der Pupillen kommen – risikofreien Verzehr gibt es nicht. Tödlich sind diese Pilze allerdings meist nicht, selbst einer Fliege tun sie nichts zuleide.

Das kam heraus, als Forscher einer anderen Theorie der Namensgebung auf den Grund gingen: Sie überprüften ob der Name daher stammte, dass unsere Vorfahren den Fliegenpilz einst womöglich (in Stücke geschnitten und in gezuckerte Milch eingelegt) als Insektenfänger eingesetzt hatten.

Das Ergebnis des Experiments: Zwar ließen sich die Fliegen von der tückischen Milch anlocken, und sie tunkten ihre Rüssel auch begeistert in die für uns Menschen giftige Süße.

Aber nach kurzer Betäubung flogen sie weiter. Und waren anschließend geradezu euphorisiert.

3

Nachgefragt!

Der Förster erklärt in seiner mitreißenden Art, welche Geheimnisse sich direkt vor unserer Haustür verbergen

Ungewöhnliche Freundschaft

Begegnen Sie einer Frau, die das Glück hatte, eine Füchsin kennenzulernen – und sich von ihr den Wald zeigen zu lassen

Faszinierende Einblicke

Aufwendige Illustrationen offenbaren geheime Details und veranschaulichen verblüffende Zusammenhänge

Zurück zur Natur!

Einfach mal rauskommen, abschalten, den Wald genießen – zum Beispiel bei einem Seminar mit Peter Wohlleben